THE
LAST
LECTURE

THE LAST LECTURE 마지막 강의

초판 1쇄 발행 2023년 8월 9일

저자   필립 코틀러 등 41명
기획   허병민
번역   김영신

펴낸곳   마인더브
주소   서울시 광진구 아차산로 375(B1, 105호)
전화   02-2285-3999
팩스   02-6442-0645
이메일   kyoungwonbooks@gmail.com

ISBN   979-11-93280-00-3 (03300)
정가   17,500원

잘못된 책은 본사나 구입하신 서점에서 교환해 드립니다.

THE

LAST

마지막 강의

세상을 구할 순 없지만,
당신을 구할 순 있는
하나의 인생,
하나의 이야기

LECTURE

필립 코틀러, 틸만 러프 등 41인 저

마인더브

See the Seen
당신은 눈앞에 보이는 것을 제대로 보고 있는가

#1

지난 2008년 SK텔레콤이 하나로텔레콤을 인수한 후 사명을 SK브로드밴드로 바꾸면서 그해 9월경 공중파에 내보낸 SK브로드밴드 론칭 광고, 기억하시는지요? 잘 기억나지 않으면 더블유 앤 웨일W & Whale이 부른 〈R.P.G. Shine〉이라는 곡을 검색해서 한번 들어보세요. 노래를 따라 흥얼거리다 보면 기억이 나실 겁니다.

못 보던 세상 이제 시작이야
뭔가 보고 느끼고 경험하고 싶어
누구도 볼 수 없었던, 보여주지 못했던
SEE THE UNSEEN 브로드밴드
약간의 TV, 약간의 인터넷,
전화 약간 합치면 못 보던 세상
이제 내딛자 뛰어들자 들어가보자

익숙한 세상이 놀랍게 변해

자, 지금부터 시작이다

SEE THE UNSEEN SK 브로드밴드

— SK브로드밴드, CI 론칭 CF

저는 그때나 지금이나 이 광고를 볼 때마다, 무엇보다도 광고에 삽입된 곡을 들을 때마다 차가운 '그 무언가'가 스멀스멀 제 안에서 기어올라오는 것을 느낍니다. 약간 불편하고 어딘가 개운하지 않고 찜찜한 그 무언가가 말이지요.

아무래도 제가 광고쟁이 출신이라 그런지 광고에 삽입된 카피에 촉이 서는 건 어쩔 수 없나 봅니다. 단 세 단어로 구성된 이 카피를 읽고 음미하기를 반복합니다.

See the Unseen

번역하면 '보이지 않는 것을 보라'입니다. 광고주나 제작사의 입장에선 여기에서 한 걸음 더 나아가 '보이지 않는 것을 보기 위해 노력하라'라는 메시지를 깔아놓고자 했겠지요. 글쎄요. 보이지 않는 것을 보랍니다. 그게 힘들면 적어도 보이지 않는 것을 보기 위해 노력이라도 해보랍니다.

참 난감하고 당황스럽습니다. 아무리 노력한다 한들 애초에 인간으로서 할 수 없는 것을 해보라고 하니 저로선 살짝 울화통이 터지려 합니다. 여러분은 보이지 않는 것을 볼 수 있나요? 아, 물론 여기에도 예외가 있긴 합니다.

> 경영이 무어냐고 묻는 사람들이 많다.
> 그럴 때마다 나는
> '보이지 않는 것을 보는 것'이라고 답하면서
> 경영이든 일상사든 문제가 생기면
> 최소한 다섯 번 정도는 '왜?'라는 질문을 던지고
> 그 원인을 분석한 후 대화로 풀어야 한다고 덧붙인다.
> — 이건희, 『이건희 에세이』에서

故 이건희 前 삼성전자 회장은 1997년 말에 발간한 에세이집에서 경영에 대해 얘기하면서 그 본질을 '보이지 않는 것을 보는 것'이라고 정의 내린 바 있지요.

저는 그룹 회장, 총수도 아니고 세계적인 경영학자, 구루도 아닙니다. 그래서 그런 거창한 본질이나 정의에 대해서는 할 말도, 토를 달 생각도 없습니다. 다만 제가 알고 있는 게 하나 있다면, 그것은 보이지 않는 것을 앞으로도 영원히 볼 수 없다는 것 정도입니다. 그렇기에 우리가 그것을 하기 위해 노력해야한다는 것이 그저 황당한 난센스로 들릴 뿐이지요.

그래서 한때 광고계에 몸담았던 사람으로서, 저는 이 광고의 카피를 이렇게 바꿔보고 싶습니다.

See the Seen

'보이는 것을 보라'는 것입니다. 눈앞에 보이지 않는 것을 보려고 주야장천 달릴 게 아니라, 이미 눈앞에 주어져 있는 것들을 보기 위해 노력해보라는 뜻입니다. 내가 보고, 듣고, 만지고 있는 내 물건, 내 일, 내 주변 사람들^{동료, 친구, 가족 등}, 지금 현재 나를 거쳐가고 있는 그 모든 것, 그 모든 사람들에게 주의를 집중해보라는 것입니다.

#2

지금은 어떤 시대인가요. 이 시대는 아래와 같은 단어들이 여전히 중요시되고 있고, 또 각광받고 있는, 그런 시대이지요.

변화 혁신 상상력 리더십

저는 워낙 호기심 천국이라 궁금한 건 절대 못 참는 성격입니다. 이 '중요하기 짝이 없는' 단어들을 앞서 소개해드린 SK브로드밴드 광고의 카피와 엮어보고 싶은 충동을 느낍니다. 다음과 같이 말이죠.

□□의 본질은 '보이지 않는 것을 보는 것'에 있다.

박스 안에 변화, 혁신, 상상력, 리더십을 차례대로 넣어보세요. 전혀 이상하지 않죠? 변화해야 한답시고, 혁신해야 한답시고, 상상력과 창의성과 리더십을 갖춰야 한답시고 우리는 보이지 않는 것을 보기 위해 그동안 죽도록 열심히 뛰어다녔고, 지금도 뛰어다니고 있습니다. 새로운 아이디어, 새로운 관점^{시각, 접근법}, 새로운 트렌드, 새로운 이론, 새로운 컨셉, 새로운 정보, 이 모든 것을 얻기 위해 우리가 매일 쏟아붓는 시간과 노력을 한번 생각해보세요. 다 그놈의 '보이지 않는 것'을 남보다 더 빨리, 더 많이 찾아내기 위해서이지요. 고생도 이런 생고생이 없습니다.

이제 손에 잘 잡히지 않고, 눈에 잘 드러나지 않는 이런 '머리만 빠개지는' 추상적인 두뇌 놀이는 때려치웁시다. 대신 변화, 혁신, 상상력, 리더십과 같은 가치가 정말로 중요한 시대라면, 이것을 조금은 이해하기 쉽게 풀어 자기 자신, 나아가 자신의 주변부터 점검해보는 건 어떨까요. 그런 의미에서 저는 위의 문구를 이렇게 다시 정리해보고 싶습니다.

□□의 본질은 '보이는 것을 제대로 보는 것'에 있다.

변화하고 혁신해야 한다면, 상상력과 리더십을 갖춰야 한다면 지금 내 눈앞에 보이는 것부터 똑바로, 제대로 보기 위해 노력할 것.

어쩌면 이것이 나 자신을 위해 우리가 지금 선택할 수 있는, 이 시대를 잘 살아가기 위한 최적의 전략이 아닐까 싶습니다. 그래서 묻고 싶습니다.

여러분은 지금, 이 순간 자신의 눈앞에 보이는 것을 얼마나 제대로 보고 있나요?

이 책은 이런 '우리의 눈앞에 보이는 것들'을 우리가 '얼마나 잘 보고 있는가'를 되돌아보게 하는 이야기들로 채워져 있습니다. 이 책을 읽는 동안 여러분이 지금까지 살아오면서 놓치거나 간과한 것들이 조금이라도 눈에 들어온다면, 나아가 그 놓친 것들이 조금은 다르게 보이기 시작한다면 저는 제 소임을 다했다고 생각합니다. 굿 럭.

/

혹, 《월리를 찾아라》라는 그림책, 기억나시나요? 저도 한때 이 책에 푹 빠져 눈알이 벌겋게 충혈되도록, 정말 미친 듯이 월리를 찾았던 기억이 납니다. 혹시 여러분도 그러셨나요? 자, 그때의 기억을 한번 끄집어내봅시다. 엄청난 수의 사람들 속에 숨어 있는 월리, 여러분은 그를 찾을 준비가 돼 있나요? 월리를 찾는 데 혈안이 돼 있던 바로 그때, 그 자세로 자신의 주변을 둘러보는 건 어떨까요. 그 속에 꼭꼭 숨어 있는 나 자신을 발견하는 재미가 꽤 쏠쏠할 겁니다. 그런 마음으로, 이 책을 읽어주시면 좋겠습니다. 그동안 사소하게 흘려보낸실은 전혀 사소하지 않은 것들과 즐겁게 맞닥뜨리는 시간이 되기를 바랍니다.

2023년 7월
Talent Lab 서재에서

💬 차례

제1부 꿈과 도전

실패를 두려워하지 않고 끊임없이 도전하는 삶에 관하여

제2부 삶의 의미

불완전한 삶과 필연적인 죽음을 받아들이고,
더 큰 가치를 추구하는 인생에 관하여

제3부 진정한 성공

성공을 위해 물어야 할 질문들과 그 해답들에 관하여

실패를 두려워하지 않고
끊임없이 도전하는 삶에 관하여

꿈과 도전

1강

당신의 세계를 부숴 버려라

제이 새밋_ 기술 혁신 분야의 세계적 권위자

이것이 나의 마지막 강의라면, 내가 수십억 달러의 회사 매출에 일조하고, 내 제품이 전 세계 수백만 사람들에게 폭발적인 인기를 얻고 있다는 등의 이야기로 시작하고 싶지는 않다. 사업의 성공은 내 인생의 목표가 아니었다. 인생의 문제를 해결하려고 노력한 끝에 얻은 부산물에 가깝다. 항상 다른 사람의 필요를 먼저 해결하려고 하다 보니, 모든 장애물들이 성공의 기회가 되었다. 그러니 성공한 창업가로서의 내 삶을 나누기보다는 아주 간단한 질문으로 이 강의를 시작하려고 한다.

"당신은 당신의 삶을 살고 있습니까, 아니면 죽을 때까지 청구서를 받아 지불하고 있습니까?"

내가 이 질문을 하는 이유는, '목적을 가지고 사는 삶'이 내 삶의 목적이기 때문이다. 너무 많은 사람들이 인생의 대부분^{행복의 기회마저}이 지나가 백미러에 나타날 때까지 이 질문을 자신에게 하지 않는다. 나는《파괴적 혁신Disrupt You!》이라는 책을 썼다. 사람들에게 개인적인 변화를 통해 기회를 포착하고 번창하는 방법을 알려주는 책이다. 많은 이들이 세상을 바꾸는 것에 대해 이야기하지만, 정작 자신을 변화시키는 것에 대해서는 생각하지도, 말하지도 않는다. 변화는 성찰에서 시작된다. 기억하라. 자기 혁신은 대수술을 받는 것과 비슷하고 그 메스를 쥐고 있는 사람은 바로 당신이다.

임종을 맞는 사람에게 가장 후회되는 것을 물어보면, 가장 많은 대답이 "자신의 꿈과 열망을 추구하지 않은 것"이라고 한다. 만약 '사랑해'라는 말을 더 자주 할 수 있는 용기가 있었더라면, 당신의 삶은 얼마나 놀랍게 달라졌을까? 만약 실패를 두려워하지 않았더라면 얼마나 더 많은 성취를 할 수 있었을까?

우리는 순응하도록 길러졌다. 우리 사회는, 열심히 공부하면 좋은 회사에 취직할 수 있을 거라는 일종의 믿음의 파사드^{façade, 건축물의 주된 출입구가 있는 정면부로, 보통 화려하게 만든다} 위에 세워져 있다. 하지만 그것이 무엇을 위한 것인가? 그 끝은 무엇인가? 끝없는 혁신의 시대에 대기업은 더 이상 예전처럼 생계의 안전을 제공하지 않는다.《포춘》이 최초에 선정한 500대 기업 중 57개만이 살아남아 있다. 사람들의 야망을 앗아가는 것은 안전이 아니라 안전에 대한 환상이다. 누구도 다른 사람의 길을 따라 국가를 이끌거나 회사를 만들거나 세

꿈과 도전

상을 바꿀 수 없다. 우리의 인생에는 오직 한 가지 선택만 있는데, 그것은 자신의 꿈을 좇을 것이냐 아니면 다른 사람에게 고용되어 그의 꿈을 도울 것이냐, 둘 중 하나를 고르는 것이다.

후회 없는 인생을 살려면 매우 강력한 두 가지 긍정의 힘으로 하루를 시작해야 한다. 내게는 더 나은 내일이 있다는 것 그리고 그렇게 만들 수 있는 힘이 내 안에 있다는 것, 이 두 가지 생각이다. 인지신경과학자들의 연구에 따르면 우리 몸은 우리의 생각에 반응한다고 한다. 운동선수가 자신의 몸을 조절하는 것처럼 우리도 우리의 꿈을 조절한다. 따라서 긍정적인 마음으로 하루를 시작하는 것이 개인의 혁신과 행복을 위한 가장 중요한 출발점이다. 여러분이 자신의 목표를 달성할 수 있다고 믿어도 좋고, 믿지 않아도 좋다. 그것은 선택이고, 중요한 것은 당신 안에 힘이 있다는 사실이다. 평생을 성공적인 창업가로서 살아오면서 나는 부정적인 마음을 가진 사람에게서 좋은 아이디어가 나오는 것을 보지 못했다. 당신에게 불리한 확률을 받아들이는 것은 시작하기도 전에 패배를 인정하는 것과 같다.

이상하게 들리겠지만, 얼마나 빨리 실패하는가가 우리의 좌우명이 되어야 한다. 성공은 조개껍데기에서 비너스가 탄생하듯 그리스 신화에서 크로노스가 우라노스의 신체 일부를 바다에 던져버렸는데, 바다가 비옥해져 사랑과 미의 여신 비너스가 조개 안에서 태어난다 갑자기, 쉽게 형성되는 것이 아니라 끊임없는 시행착오를 통해 탄생하는 것이다. 투자자에게 제시한 모든 사업계획은 실제로 스타트업을 해봐야만 알 수 있는 예상치 못한 오류들이 있기 마련이고, 그러한 장애물에 직면했을 때 대부분은 가차 없이 바닥에 버려진다. 기업가는 항상 이다음에 무언가 큰 게 있을 거라고 믿으며 길을 간다. 그들은 그것을 추구할 자금만 있다면, 곧바로 명성과 부가 따라올 것이라고 꿈꾼다. 그러나 현실은, 제품이 만들어지고 사용하는 고객들이 생기면서 결함이 발견되기도 하는데, 바로 이 지점을 극복하지 못하면 사업이 망하는 것이다. 지난 30년 동안 나는 지금의 성공적인 기업들 대부분이 실패의 불길 속에서 불사조처럼 부활하는 것을 지켜봐왔다. 지금의 유튜브YouTube는 화상 데이트 사이트로 시작했으나 곧 망했던 역사가 있고, 트위터Twitter 역시 초창기에는 음악 서비스로 시작했으나 실패한 터전 위에서 꽃을 피웠다. 설립자들이 초창기의 원천적인 아이디어가 실패했다고 단념하지 않고, 새로운 아이디어를 계속해서 시도한 결과였다. 그들은 모든 자본이 소진되기 전에 실패를 극복하기 위해 24시간 일했다. 인생에서 더 빨리 실패할수록 성공할 더 많은 시간이 주어진다. 성공과 행복을 누리는 사람들이 일찍이 터득하는 것이 있는데 그것은 실패와 좌절의 차이이다. 실패란 작동하지 않는 지점에서 배우는 것토마스 에디슨은 전구가 작동할 때까지 반복적으로 실패했다을 계속하고 있다는 뜻인 반면, 좌절이란 경기를 하다가 중단한 다음, 포기하고 링 밖으로 나가는 것을 말한다. 진정한 성공은 자금이나 의지력이 바닥나기 전에, 가능한 한 여러 번 실패를 맛보는 것에서 온다.

기업가는 성공으로 가는 길에 평균적으로 3.8번의 실패를 경험한다고 한다. 영웅이 되느냐 거지가 되느냐를 구분하는 유일한 속성은 '끈기'이다. 경험이 없지만 끈기를 가진 창업자라면 자신이 시장을 독식하고 있다고 자만하는 대기업보다 훨씬 더 멀리 갈 수 있다. 포드 자동차 회사를 시작하기 전에 53세의 창업자 헨리 포드는 이미 3개의 사업에서 실패를 맛보았고, 커널 할랜드 샌더스 대령도 62세가 되어서야 첫 KFC 프랜차이즈를 열었다. 내가 연구한 대부분의 성공한 사람들은 그들 앞에 얼마나 많은 장애물이 있는가에 대해서는 상관하지 않았다. 스티븐 킹의 첫 소설 《캐리》는 30번이나 출판이 거절되었고, J. K. 롤링의 《해리포터와 마법사의 돌》은 12개 출판사에서 거절당했다. 세계적인 토크쇼 진행자 오프라 윈프리는 첫 직장에서 강등되었고 '텔레비전에 적합하지 않다'라는 평가까지 받았다. 애니메이션의 제왕 월트 디즈니는 '상상력 부족'으로 해고된 전력이 있다. 세계에서 가장 부유한 사람인 빌 게이츠조차 마이크로소프트를 설립하기 전에 그의 첫 번째 회사인 트래프-오-데이터Traf-o-Data가 무너지는 것을 지켜봐야만 했다.

이들은 실패를 내면으로 끌어들이고 스스로 성공할 수 없다고 생각하기보다 실패한 지점에서 배운 기술적인 부분에 집중해, 이를 성공으로 가는 길의 이정표로 삼았다. 그들은 과거에 생각했던 자기 자신, 달성할 수 있을 거라 생각했던 스스로의 이미지들을 모조리 깨부수었다. 사람이 실패에 직면했을 때 자신의 이미지를 혁신하느냐 그러지 못하느냐가 바로 그 사람의 대담한 용기를 시험하는 진정한 테스트가 될 수 있다. 사람들은 당신이 성공하지 못하는 이유에 대해 이러쿵저러쿵 말하겠지만, 당신이 해낼 수 있다는 것을 알고 있는 내면의 목소리를 키워나가는 것은 온전히 당신의 몫이다. 그 과정은 당신의 개인적인 한계에 대한 다른 사람들의 선입견과 추측에 도전하는 것으로 시작된다. 당신의 상상력은 무한하며 당신의 잠재력도 무궁무진하다. 그것을 바탕으로, 목표 달성을 위한 개인 혁신의 지도를 만들어갈 수 있다. 자기 내부의 장애물을 극복하고 나면 어떤 문제에 대한 가치를 평가하고 수행해나갈 수 있는 힘이 생기고, 모든 산업 또는 기관의 선입견이나 관행에 도전하는 것이 훨씬 더 쉬워질 수 있다. 비즈니스의 성공은 자기 혁신의 씨앗에서 싹을 틔운다. 이것이 당신이 자신을 혁신해야 하는 이유이다.

2009년에 브라이언 액튼은 페이스북에 입사 지원을 했지만 거절당했다. 그는 좌절감에 사로잡혀 소셜미디어 부문에서 일하려는 목표를 포기하는 대신, 자신의 회사 왓츠앱WhatsApp을 창업했다. 그로부터 5년 후, 그의 입사를 거절했던 바로 그 회사가 그의 회사를 190억 달러에 인수하는 일이 벌어졌다. 모든 위대한 기업가와 마찬가지로 브라이언은 자신의 불행에서 기회와 이익을 찾아낸 것이다.

인생이나 사업에서 진정한 실패는 시작하기도 전에 자신에게 불리한 확률을 받아들여, 제대로 시도해보기도 전에 패배를 인정하는 것이다. 의미 있는 삶을 살려면 목표를 세워야 한다. 목표란 유통기한이 있는 꿈이다. 시작하기 전에 모든 경로의 모든 단계를 자세히 알 필요는 없으나, 탐색과 배움을 위해서는 안전지대 '밖으로' 나아가야 한다는 것을 명심해야 한다. 5년 후 자신이 어디에 있게 될지 아무도 모르는데, 어떻게 하면 거기에 도달할 수 있을지 누가 알겠는가? 그저 과감하게 첫걸음을 떼고 정진할 수밖에!

우리는 놀라운 시대에 살고 있다. 우리 모두가 예전에는 상상도 할 수 없었던 방식으로 연결되어 있다. 60억 명의 사람들이 클릭 한 번으로 전화 연결이 될 수 있으며, 자율주행 차량, 3D 프린팅, 청정 에너지 사업, 사물인터넷 등등 모두의 번영을 가져오는 완전히 새로운 기회, 새로운 세계가 열렸다. 우리가 원하는 모든 것을 가질 수 있지만, 동시에 모든 것을 가질 수는 없다. 자신을 혁신함으로써 더 많은 즐거움을 얻고 삶의 목적을 실현할 수 있는 계획을 세워보자. 모든 것은 당신 자신의 변화에서부터 시작된다!

가라앉거나, 헤엄치거나

질 하이너스_ 살아있는 전설로 불리는 스쿠버 다이버이자 탐험가

수중 동굴의 세계를 기록하는 다이버로서 나는 대자연의 어머니인 지구의 정맥을 자유자재로 헤엄치며 우리 행성의 생명을 탐험한다. 대부분의 사람들은 동굴을 들여다볼 때 무섭고 아득하기만 한 어둠을 보지만, 나는 그 어둠 속에서 미개척지라는 무한한 가능성의 세계로 나를 이끄는 손짓을 본다. 헤엄치는 모든 순간이 나를 미지로 이끄는 발견과 성장의 기회이다.

오늘날, 우리는 두려움이 대중의 행동을 지배하는 세상에 살고 있다. 사람들은 세계 정치, 실패, 일상의 변화를 두려워한다. 하지만 생존과 성장의 비결은 망각에 빠지지 않고 미지의 세계로 헤엄쳐 들어가는 방법을 찾는 데 있다. 두려움이 우리의 존재를 지배하도록 허용한다면, 오직 하나의 결과만 있을 것이다. 그것은 바로 우리

의 머리를 아래로만 향하게 하는, 즉 가라앉는 방법밖에 없다는 뜻
이다.

나는 여러분이 두려움을 버리고 위험에 정면으로 도전하길 바란
다. 그래서 두려움을 어떻게 우리 삶으로 가져올 것인가에 대해서
이야기해보고자 한다.

사람들은 내가 다이빙 공포가 있는 사람들과 함께 다이빙하는 것
을 원치 않을 거라고 속단한다. 하지만 나는 "두려워하는 당신이 바
로 내가 함께하고 싶어하는 유형의 사람이다"라고 말하고 싶다. 두
려워한다는 것은 노력의 결과에 대해 관심을 갖고 있다는 것을 의미
하기 때문이다. 두려움은 그 결과가 위험이냐 보상이냐에 대해 올
바르고 신중한 판단과 선택을 하게 해준다. 두려움은 우리로 하여
금 가장자리에 더 가까이 다가가게 만들고, 새로운 지평을 열어 영
감을 주는 일을 하도록 만든다. 우리가 두려움으로 인한 위축에서
벗어나기 위해 노력할 때, 개인의 한계는 확장되고 인식은 넓어진
다. 이로써 우리의 잠재력은 전반적으로 높아진다.

두려움은 방어기제로서 인간의 내면 깊은 곳에 존재한다. 우리의
원초적인 존재감각은 생존을 위한 일련의 반응들로 프로그램되어
있다. 그 방어기제는 우리를 위험으로부터 안전하게 지켜줄 수 있
지만, 이것이 반드시 우리의 잠재력을 높이는 것만은 아니다. 우리
가 위험에 처했을 때 우리의 몸은 대항할fight 것이냐 도망갈flight 것
이냐 둘 중 하나로 정해지는데, 여기서는 다른 것을 말해보겠다. 위
험에 직면했을 때, 성공이냐success 생존이냐survival를 생각하기란 한

차원 더 어려운 일일 것이다. 위험을 벗어나기 위해 택할 수 있는 가장 쉬운 방법은 위험의 요인과 싸우거나 맹렬하게 소리를 지르며 도망가는 것이다. 그러나 내 직업에서는 이 두 가지 옵션 중 하나를 택하면 죽음으로 내몰릴 수도 있다. 모래진흙과 미립자 물질이 엉켜 있는 심연의 수중 동굴 속에서 폐소공포증이 몰려온다면, 나는 단지 살아남기 위해 절박하고 신중하게 한 걸음 한 걸음을 내디뎌야만 한다. 그것은 오직 평정심을 유지할 때만 가능하다. 만약 내 몸이 바위에 걸렸다면 나의 이성과 논리를 침착하게 사용해 탈출할 방법을 찾아야 한다. 만약 내 안전벨트가 고장났다면 그것들을 체계적으로 재배치하고 깨진 부위를 조심스럽게 덧대야 한다. 나는 절대로 공포에 사로잡혀서는 안 된다. 평정심을 유지하면서 이 모든 일을 해내야 한다. 평온한 상태에서 숨을 들이쉬고 내쉬어야 하며, 이를 측정하면서 진행해야 하고, 심장 박동수를 최대한 낮게 유지하면서 생존을 위한 최선의 다음 단계에 초집중해야 한다. 이러한 위급한 상황에서 나의 감정은 아무런 도움이 되지 않는다. 오히려 일에 방해가 되고 숨쉬는 데 필요한 귀중한 공기만 소모시킬 뿐이다. 그 순간, 실용주의^{관념이 아닌 실제만 생각하는 것}와 자신감만이 나를 지배해야 이 딜레마를 해결하고 마침내 동굴에서 탈출할 수 있다.

완전한 성공을 예측하기란 어려울 수 있다. 구매자의 마음에 들기 위해 노력하는 영업 사원이든 질병 치료제를 찾는 연구원이든, 그 과정 속에서 성공을 확신하기란 누구에게나 벅찬 일이다. 실제로 성공이 어떤 모습일지 또는 언제 올지 아무도 알지 못하기 때문이다. 그러나 다른 걸 다 떠나서, 나는 우리가 그 순간에 최선의 '다음' 결정이 무엇인지는 알 수 있어야 한다고 생각한다. 우리 안의 긍정적인 마음은 우리가 이다음에 무엇을 해야 하는지 잘 알고 있다. 큰 목표를 향해 그러한 긍정적인 발걸음을 계속해서 내디딘다면, 우리는 마침내 위대한 일을 해낼 수 있다. 두려움이 앞을 가로막을 때 "내가 이 위험을 감수하고 선택에 책임을 진다면 어떤 좋은 결과가 생길까?" "혹시 일어날 수 있는 최악의 상황은 무엇일까?"를 생각해보길 바란다. 위험을 감수함으로써 우리는 스스로의 운명을 선택할 수 있는 힘을 얻게 된다.

사람들은 내 경력을 보고 수중 동굴의 세계를 기록하는 것이 지구상에서 가장 위험한 직업일 거라고 말한다. 맞다. 나는 칠흑 같은 암흑의 동굴 끝에서 잘못된 선택을 한 동료를 잃은 적이 있다. 이제 그의 이름은, 공기가 부족해서, 또는 미로에 빠져 길을 잃어서, 또는 새로운 탐험에 너무 몰두해서 바다 속에서 생을 마감한 안타까운 다이버들의 추모 명단에 추가되었다. 나는 적절한 안전 절차에 대한 교육과 준비 그리고 헌신을 통해 25년 이상 과학 탐사 경력을 유지하고 있고, 앞으로 내 생명을 잃을 어떤 실수나 잘못된 선택을 하지 않을 거라고 자만할 수는 없겠지만, 궁극적인 규칙을 따르는 것이 생존에 도움이 된다는 나의 믿음을 고수할 것임을 자신 있게 말할 수 있다.

기꺼이 위험을 감수해야 한다. 희박한 가능성에도 밀고 들어가야 한다. 인생에서 취하는 모든 일을 담대하고 자신감 있게 행해야 한다. 미지의 것에 대한 두려움을 껴안고 모든 단계의 의사 결정에 이를 반영해야 한다. 그리고 당신이 완전한 성공의 범주 안에 들게 되었을 때, 찾고 있던 보물을 손에 넣을 수 있게 되었을 때, 그때는 직관에 귀를 기울여야 한다. 어떤 위험이 다가와 뒷목이 서늘할 때는 성공의 달콤함도 기꺼이 포기할 줄 알아야 하기 때문이다. 조금만 더 가면 산의 최정상에 이르고, 조금만 더 깊이 동굴 속으로 들어가면 새로운 탐험 세계가 열릴지라도, 그것만큼이나 중요한, 집으로 안전하게 돌아가야 한다는 사실을 반드시 기억해야 한다. 뒤로 물러나야 할 때를 아는 것, 그것은 미지의 세계를 탐험할 때 두려움을 받아들이는 것만큼이나 중요하다. 성공의 열쇠는 인내심과 성실함이다. 처음에는 목표를 달성하지 못할 수도 있다. 다른 경로로 돌아가야 할 때도 있다. 때가 되면 기꺼이 되돌릴 수도 있어야 한다. 새로운 시도에 뛰어들어 대담하게 헤엄치고, 두려움이 자신의 노력을 가라앉히지 못하게 해야 한다. 심호흡을 하고, 자신이 할 수 있는 최선의 다음 선택을 취해야 한다.

3강

달려가라, 용감하게

에드워드 테너_ '사물의 역습'의 저자이자 유명 강연자

미국의 위대한 사회학자 찰스 틸리Charles Tilly는 나에게 가장 심오하고 유용한 아이디어 중 하나인 '보이지 않는 팔꿈치Invisible Elbow, 팔꿈치로 슬쩍 옆구리를 찌르는 행위로, 타인의 선택을 유도하는 부드러운 개입을 의미한다'에 대해 알려주었다. 애덤 스미스Adam Smith의 유명한 비유인 '보이지 않는 손Invisible Hand'은 사람들의 상충하는 욕구를 조화시키는 시장의 능력을 말한다. 여기서 영감을 받은 '보이지 않는 팔꿈치'는 그 아이디어를 우리의 계획성과 세상의 복잡성 사이에서 조화를 이루는 것으로 확장해나간다.

틸리는 루이 14세가 군주로서 행한 모든 일들이 프랑스를 통합하고 강화하기 위한 성공적인 프로그램이었다고 평가했다. 역사가이자 사회학자인 틸리는 루이 14세의 기록을 자세히 조사한 결과, 그

의 성공이 실제로는 일련의 예상치 못한 도전과 그에 대한 즉흥적인 대응의 결과라는 것을 알아냈다. 그리고 그는 루이 14세의 승리는 막대한 국가 부채를 만들었고 그의 후계자들을 고통 속에 몰아넣었으며 급기야는 프랑스 혁명을 일으키는 불씨가 되었다고 지적했다.

틸리의 통찰력은 통치자, 정치인, CEO뿐만 아니라 우리 모두에게 적용된다. 우리는 목표를 하나씩 달성하기 위해 삶을 설계하려고 노력하지만, 경제적, 기술적 변화로 인해 우리가 예상했던 시나리오가 쓸모없게 되는 경우를 많이 본다. 내 인생에서도 여러 번 일어난 일이지만, 나는 그것을 한 번도 유감이라고 생각해본 적은 없다. 예를 들어, 보이지 않는 팔꿈치로 살짝 찔러 나를 수영장 깊은 곳으로 한 번 밀어 넣어보자. 그것이 수영을 배우는 가장 좋은 방법이라고 할 수는 없지만 때로는 유일한 방법이 될 때가 있다. 인생이 마음대로 되지 않을 때, 그 위기가 기회가 될 때도 있는 것이다.

내가 배운 첫 번째 교훈은 삶의 불공평함을 받아들이라는 것이다. 이는 존 F. 케네디가 말한 것이다. 우리가 열심히 공부하고 노력하면 그에 맞는 합당한 학위나 자격증을 성취할 수 있다고 믿지만, 인류의 기술과 비즈니스의 역사를 살펴보면 얼마나 많은 놀라운 성공들이 '보이지 않는 팔꿈치'에 의해 우연히 이루어졌는지 알 수 있다.

불공평하다는 것은 노력이 헛되다는 것과는 다른 의미이다. 심리학자들이 말하길, 미국 사회는 선천적인 능력의 중요성을 너무 과장하고 무모한 노력의 힘을 과소평가하는 경향이 있다고 한다. 이것

꿈과 도전

이 나의 두 번째 교훈이다. 내가 책을 출판할 당시 가장 수익성이 높은 것이 과학서적이었는데도 불구하고, 정통 과학 및 공학 프로그램을 출간하는 대학 출판사가 거의 없었다. 그들의 문제는 출판된 책과 출판하기로 계약된 책에 대한 수요가 얼마나 낮은지를 잘 깨닫지 못했던 것이다. 편집자들은 원고와 기획서를 가만히 앉아서 기다리기보다는 적극적으로 요청할 필요가 있다는 것을 깨달았다. 하지만 가장 유망한 아이디어들은 대부분 다른 출판사들이 선점했고, 그들에 비해 100분의 1 정도의 낮은 수요로 만족해야만 했다.

물론 노력만으로는 부족하다. 출판이든 다른 사업이든, 계획과 선택들이 함께 따라줘야 한다. 그러나 '보이지 않는 팔꿈치'의 원리는, 상황의 변화에 따라 우리의 계획을 근본적으로 수정해야 한다는 것을 깨닫게 해주었다. 특히 나는 출판과 저술을 통해 이것이 사실이란 걸 발견했다. 내가 대학교 3학년이었을 때 프린스턴에 사는 뉴욕의 한 저명한 편집자를 알게 됐는데, 그가 말하길 50년이 넘게 한 번도 팔리지 않았던 도서 주제 중 하나가 미국 원주민에 관한 것이라고 했다. 그런데 그 후 얼마 지나지 않아 갑자기 미국 원주민의 역사에 관한 일련의 책들이 연이어 베스트셀러가 되는 걸 보고 나는 적잖이 놀랐다.

이 변화는 나의 세 번째 교훈에 반영되는데, 바로 정보와 직관의 균형이다. 정보는 의사 결정에 필수적이며, 일부 전문가들은 인간의 판단은 너무 유연하기 때문에 충동을 무시해야 한다고 믿는다. 사실 종종 이것이 가장 현명해 보이지만, 항상 그런 것만은 아니다.

'해리포터' 시리즈를 기억할 것이다. J. K. 롤링의 《해리포터와 마법사의 돌Harry Potter and the Philosopher's Stone》은 초기에 무려 12개 출판사로부터 거절당했으나, 현재는 약 10억 달러의 로열티와 판권 판매로 단연 세계 최고의 수익성을 창출하는 확고한 브랜드로 자리 잡았다. 이는 부분적으로 작가의 대행사가 무모한 노력을 기울인 덕분이기도 했고, 블룸스버리라는 작은 출판사의 수장이 그동안의 축적된 관행과 어린이 도서의 제한적인 판매통계를 따르지 않고 자기 딸의 의견을 적극 수용하여 출판을 결정하는 용기를 보였기에 가능한 일이기도 했다.

자신만의 일을 하고 싶은 많은 샐러리맨들은 선택에 직면한다. 부수적인 직업도 없이 풀타임으로 곧장 사업에 뛰어들거나 예술을 추구하는 것은 위험하지만, 인생을 사로잡는 아이디어라면 모든 시간과 노력을 완전히 투입할 필요도 있기 때문이다. 아마존Amazon.com의 창립자인 제프 베이조스는 원래 명망 있고 수익성 좋은 은행의 전도유망한 투자가였다. 그는 온라인 시장의 마켓 플레이스 사업을 시작하는 것이 기존의 데이터를 근거로 보았을 때는 미래가 밝지 않은 일이라고 판단되었으나, 그가 나중에 설명했듯이, 그 기회를 잡지 않으면 노년이 되어서 크게 후회할 것 같은 생각이 들었다고 한다. 위험에 대처하는 이런 식의 태도를 후회를 최소화하는 체제라고 부르며, 이것이 나의 네 번째 원칙이다.

아마도 가장 중요한 교훈이 될 다섯 번째 원칙은 모든 사람이 멘토라는 것이다. 나는 우수한 학부 및 대학원 선생님들과, 과학을 믿고 나의 노력을 믿어주었던 대학의 언론국장을 만나는 행운을 누렸다. 내가 학생이었을 때는 친구들과 출판 동료들로부터 정말 많은 것을 배울 수 있었다. 잡지 편집자의 단 몇 분간의 조언이 내가 글을 쓰는 작가가 되기로 결심하는 데 결정적인 도움이 되기도 했다. 그러나 나는 멘토십mentorship, 경험과 지식이 많은 사람의 지도와 조언으로 대상자의 실력과 잠재력을 향상시키는 것이 때때로 '일시적이어야' 더 좋다는 것도 알게 되었다. 관심이 변하면 조언과 지원에 대한 요구도 변하기 때문이다. 이 것을 알기까지는 처음에 조금 힘들었지만, 어느 순간 '보이지 않는 팔꿈치'에 의해 자극을 받았을 때, 결국 나에게 도움이 되었다는 걸 깨달았다. 까다로운 상사라도 긍정적인 면이 있을 수 있다. 그로 인해 직관이 발전하고 쉽게 모험을 할 수도 있다. 위대한 발명가이자 인재 채용에 뛰어난 미국의 물리학자 윌리엄 쇼클리는 그의 유능한 직원들 중 일부를 냉랭하게 대했지만, 결국 그들과 함께 컴퓨터 칩 제조업체인 인텔Intel을 설립했다. 오히려 그가 까다롭고 다정하지 않은 상사였기에 직원들도 함께 억만장자가 될 수 있었던 게 아니었을까.

요약해보자면, 이러한 사례와 모든 경험에서 배운 궁극의 교훈은 '용감하라'라는 것이다. 그리고 약간 이상하게 들릴지 모르겠지만, 비이성적으로 열심히 일하되 경치 좋은 길을 선택해라. 자신이 즐기면서 기쁨으로 갈 수 있는 길을 달려가라.

꿈이 이루어지든 이루어지지 않든, 인생은 움직인다

잭 샤퍼_ 전직 FBI 특수 요원이자 웨스턴일리노이대학의 부교수

조언은 실천이 따르지 않으면 아무 쓸모가 없다. 무엇인가를 아는 것도 값지지만, 아는 것을 행동으로 옮기는 것은 더더욱 값지다. 조언이란, 조랑말을 물이 있는 구유로 인도하는 것과 같다. 말에게 강제로 물을 마시게 할 수는 없다. 물을 먹으라고 짜디짠 귀리를 먹일 수도 없는 노릇이고, 말의 머리를 필사적으로 잡아 물속에 담근다 한들 통하지 않는다. 나는 나보다 어린 사람들에게 해줄 조언으로 가득한 늙은이이다. 이제 내 인생에서 유일하게 할 일은 구유에 물을 채워놓고 지나가는 이들에게 목이 마르면 마시라고 권하는 일 뿐이라고 생각한다.

꿈을 가져라! 크게, 두 가지로

꿈은 현실로 가는 첫걸음이다. 큰 꿈을 꾸지만, 현실과 꿈이 부딪힐 때 비로소 깨닫게 된다. 꿈은 종종 순식간에 무너지거나 천천히 사라지기도 한다는 것을 말이다. 꿈을 잃었을 때의 충격을 줄이려면 '두 번째 꿈'을 설계해두어야 한다. 첫 번째 꿈을 이루기 위해 매진하되, 동시에 두 번째 꿈을 준비하라는 뜻이다. 최선을 다하고 열정적으로 꿈을 추구하되, 상황에 따라 첫 번째 꿈을 포기하고 예비된 다른 꿈으로 전환해야 한다. 꿈이 사라지면, 희망은 꿈꾸는 자를 버린다. 우리는 보통 하나의 큰 꿈을 현실로 만들기 위해 일생과 마음과 영혼을 바치기 때문이다. 그래서 단 하나의 꿈이 실패하면, 인생이 무의미해지기 쉽다. 깊은 절망이 찾아올 때, 두 번째 꿈으로 옮겨 타는 것은 당신을 우울증의 나락으로 빠지지 않게 해주는 안전망이 되어줄 것이다. 당신의 꿈이 이루어지든 이루어지지 않든 인생은 움직인다. 하나의 꿈이 실패하면, 꿈을 바꾸고 기존의 삶의 속도 그대로 전진하면 된다.

문제 해결을 위한 보편적인 계획

'세 가지 질문을 사용한 문제 해결' 방법은 말 그대로 문제 해결을 위한 보편적인 계획을 세우는 데 유용하다. 문제를 식별한 후 가장 먼저 자신에게 물어야 할 질문은 "문제를 해결하기 위한 나의 계획은 무엇인가?"이다. 계획을 수립한 후 자문해야 할 두 번째 질문은 "계획이 제대로 진행되고 있는가?"이다. 대답이 "예"라면 문제 해결을 위해 앞으로 나아가면 되고, 대답이 "아니오"라면 하던 일을 중단하고 새로운 계획을 세워야 한다. 분명히 효과가 없는 계획을 지속하는 것은 비생산적이며 시간 낭비이다. 대답이 이도 저도 아닌 "아마도"라면 계획을 수정해 계속 진행하면 된다. 당신이 스스로에게 물어야 할 마지막 질문은 "나는 앞서 있는가, 뒤처져 있는가?"이다. 일정보다 앞서 있어 일이 앞당겨진다면 모든 것이 잘되고 있다는 표시이다. 일정에 뒤처져서 늦어지고 있다면 서둘러 따라잡아야 한다.

어떤 문제를 가지고 상사에게 접근할 때는 항상 해결책을 가지고 있어야 한다. 준비된 솔루션 없이 문제에 직면하고 싶어 하는 상사는 아무도 없을 것이다. 직장 문제나 삶의 문제에 직면했을 때, 당황하지 말고 이 '세 가지 질문을 사용한 문제 해결'을 떠올리고 구체적으로 적용해보길 바란다. 침착하게 문제를 바라보고, 문제를 해결하기 위한 계획을 세우고, 일단 시작된 계획에 대해서는 평가하고 필요에 따라 수정하거나 새 계획을 개발하고 진행 상황을 계속 모니터링하는 것이다. 잘 짜여진 계획은, 문제가 크든 작든, 크게 도움이 된다. '세 가지 질문을 사용한 문제 해결'은 문제 해결에 대한 자신의 책임을 끝까지 다하게 만든다. 문제를 해결하기 위해 다른 사람에게 의존하지 말고 스스로 끝까지 책임지기를, 또 직면한 상황 때문에 자신을 희생양으로 만들지 않기를 바란다.

자신의 삶을 이끌어라

내 경험상으로도 "상위 20%의 사람들이 세상일의 80%를 수행한다"는 말은 사실이다. 평생 나는 20% 안에 드는 사람이었다. 나는 게으름뱅이들을 바라보며 "저 사람들은 아무것도 하지 않고 앉아 있는데, 왜 내가 저들을 대신해서 모든 일을 해야 하지?"라고 불평한 적도 있었다. 그 사실에 매일매일 화가 난 적도 있었으며, 나도 최선을 다하지 않고 베짱이 부류에 합류할까 생각해본 적도 있지만 그렇게 되면 나답게 살 수 없다는 자각에 부딪혔다. 또 다른 20% 안에 드는 지인이 있다. 그는 내 좌절감을 감지하고 나에게 한 가지 질문을 던졌는데, 바로 그 질문이 내 인생을 바꿨다. "게으른 사람들이 삶을 사는 것처럼 너도 그렇게 살고 싶니?" 나는 "아니, 당연히 아니지"라고 대답했다. 그는 "그러면 너는 네가 원하는 대로 네 인생을 살고, 다른 사람들이 인생을 어떻게 살든 신경을 꺼. 다른 사람의 문제를 네 인생에 끌어들이지 마. 너는 이미 네 문제만으로도 걱정할 게 충분하잖아!"

그때부터 나는 내 삶을 내가 원하는 방식으로 살려고 노력했으며, 다른 사람들은 그들이 원하는 방식으로 살도록 내버려둘 수 있게 되었다.

실수도 나의 것

아무도 자신이 실수를 저질렀다는 걸 인정하고 싶어 하지 않으며, 심지어 그 일이 완전히 틀렸다는 것도 받아들이고 싶어 하지 않는다. 나는 일생 동안 수많은 실수를 저질렀고, 그중에는 책임감을 요하는 매우 큰 실수도 있었다. 처음 실수를 인정하라고 강요받는 분위기였을 때는 감정적으로 매우 힘들었다. 나는 필사적으로 몸을 비틀고 바들바들 떨면서 "내가 실수했다"라는 말을 입 밖으로 꺼내지 않으려고 엄청 애썼다. 사람들은 실수를 인정하면 자신의 자존감이 훼손될까 두려워 변명의 여지가 없는 입장임에도 불구하고 끝까지 미련하게 집착하곤 한다. 내가 처음으로 실수를 인정한 후에도, 나는 태양이 변함없이 동쪽에서 뜨고 서쪽으로 지는 것을 보았다. 친구들은 여전히 나를 좋아하고 부모님은 여전히 나를 사랑하셨다. 세상은 그대로였다. 나는 오히려 자존감도 높아지고 성격도 강해졌다. 처음으로 실수를 인정한 일이 있은 후, 나는 실수를 쉽게 다루는 방법을 발견했다. 이제 나는 명쾌하게 말할 수 있다. "네, 제가 실수했습니다. 이제 어떻게 개선하면 좋을지 알아봅시다." 여러분들도 실수로부터 배우고, 같은 실수를 두 번 하지 않겠다고 다짐하면 된다.

진심 어린 사과

진심 어린 사과는 상처받은 마음에 바르는 좋은 약이다. 실수와 마찬가지로 의도적이든 의도적이지 않든 잘못을 인정하는 것은 여전히 어려운 일이다. 당신이 잘못을 저지른 상대가 당신에게 소중한 사람이라면, 진심 어린 사과를 하고 일을 바로잡고 용서를 구하라. 용서는 일방통행로가 아니라 양방향 도로라는 것을 기억해야 한다. 남에게 용서를 받으려면 남을 용서할 줄도 알아야 한다. 심리적 상처는 완전히 치유되는 데까지 시간이 좀 걸리지만, 성이 나지 않게 진정시키는 것은 비교적 쉽고 빠르다. 진심 어린 사과라는 연고를 바르면 더 빨리 치유될 수 있다.

나의 행동이 다른 이에게서 나타난다

그리스어에 '필로티모Philotimo'라는 단어가 있다. 필로티모는 자신에 대한 자부심, 가족에 대한 자부심, 공동체에 대한 자부심, 서로에 대한 존중과 배려를 바탕으로 옳은 일을 하는 것을 담은 포괄적인 개념이다. 그렇다. 당신의 행동은 당신 자신을 반영하는 것뿐만 아니라 가족, 지역 사회, 국가까지 반영한다는 점을 기억해야 한다. 시간과 노력을 들였다는 이유만으로도 자신이 하는 일에 충분히 자부심을 가져도 좋다. 어떤 이가 내 도움을 필요로 한다면, 그냥 그 사람을 도우면 된다. 우리 모두는 옳은 일을 해야 할 의무가 있기 때문에 옳은 일을 할 기회가 있을 때는 그저 하면 된다. 말과 행동을 조심하라. 당신의 말과 행동은 당신 자신에게 영향을 미칠 뿐만 아니라, 당신과 함께하는 모든 사람에게도 영향을 미친다.

대가를 바라지 않기

나는 누군가를 도울 때, 대가를 바라지 않는다. 상대방이 나에게 무언가를 갚거나 화답을 하면 감사함을 느끼지만, 어떤 대가가 돌아오지 않는다 해도 결코 실망하지 않는다. 왜냐하면 나는 나의 도움에 대한 대가로 아무것도 기대하지 않기 때문이다. 누가 누구에게 빚을 지고 있는지 계산기를 두드릴 필요가 없으니 삶에서 큰 스트레스가 하나 사라지는 효과도 생긴다.

모든 사람에게 예의를

나는 만나는 모든 사람을 대체로 이름과 직함으로 부르거나, 잘 모르겠으면 부인Ma'am, 씨Sir, 양Ms. 또는 Miss 등을 사용하여 부르는 습관이 있다. "부탁드립니다please"와 "고맙습니다thank you"라는 말도 자주 쓴다. 나는 필요할 때 사람들을 위해 문을 열어주고, 도움이 필요해 보이면 아무리 작은 일에도 달려간다. 친절한 말은 우리의 삶을 조금 더 즐겁게 만드는 데 큰 역할을 한다. 나의 매일의 목표는 누군가의 삶을 조금 더 편안하게 만들어주는 것이다.

꿈과 도전

우정의 황금 공식

사람들이 당신을 좋아하길 바란다면 그들이 스스로에 대해 좋게 느끼도록 만들어라. 사람들이 당신과 함께 있을 때마다 그들 자신에 대해 좋은 느낌이 들면, 그들은 그 감정을 자꾸 느끼고 싶어서 당신을 만나고 싶어 한다. 사람은 세상이 자신을 중심으로 돌아간다고 믿으면, 무엇이든 자기 위주가 되고 함께 있는 사람들에 대해 신경을 쓰지 않게 된다. 그러나 자신이 아닌 다른 사람에게 초점을 맞추면 친밀한 관계가 형성된다. 공감의 표현은, 상대방에게 초점을 맞추고 상대방이 스스로에 대해 긍정적인 기분을 갖게 만드는 가장 효과적인 방법이다. 공감적 표현은 사람의 언어적 메시지, 신체적 상태 또는 감정적 느낌을 포착하고, 평행 언어 상대방의 언어구조를 비슷하게 맞추며 대화하는 방식를 사용하여 그 언어적 메시지, 신체적 상태 또는 감정적 느낌을 그 사람에게 되돌려준다. 그렇다고 그 사람이 한 말을 그대로 되풀이하라는 말은 아니다. 앵무새 화법은 잘난 척하거나 영혼이 없는 것으로 들릴 수 있다. 공감적 표현을 구성하는 기본 공식은 "아, 그래서 당신은 So you……"이다. 이 공식은 다른 사람에게 초점을 맞춤으로써 대화의 내용을 화자에게서 상대방에게로 다가가게 만든다. 우리가 "당신의 기분을 이해합니다"라는 식의 표현을 하면 상대방이 반사적으로 "아니, 당신은 내가 아닌데 어떻게 내 기분을 알겠어?"라는 반응을 보일 때도 있다. 하지만 위의 기본 공식 표현은 대화의 초점이 대화의 주인공인 사람에게 계속 유지되도록 만든다. 예를 들어보자.

조지 : 저는 이번 주에 정말 바빴습니다.
톰 : 아, 그래서 당신은 지난 며칠 동안 시간이 없었군요.

공감 표현의 기본 공식을 익히고 나면 "아, 그래서 당신은……"을 무심결에 사용하여 보다 밀착된 공감대를 형성할 수 있다. 공감하는 말은 당신의 삶과 타인의 삶 모두를 더 편안하게 만드는 마법의 언어이다.

실패와 성공의 의미 재정립하기

성공이란 의미를 재정립한 이후로, 내 인생에는 실패보다 성공이 훨씬 많았다. 실패가 불가피할 때, 하던 일을 멈추고 성공을 재정의한다. 이렇게 하면, 당연히 실패는 거의 발생하지 않는다. 하지만 성공을 재정의하기 위한 목표 수정은 예비 계획안으로 플랜 B, 플랜 C, 플랜 D를 만들었을 때만 가능하다. 나는 계획을 세울 때 다양한 시나리오를 예상하고 가능성의 범위 안에서 계획을 세우는 방법을 배웠다. 사람들, 특히 젊은이들은 계획을 만들 때 '만약에'를 꼭 포함시켜야 한다. 만약에 내가 원하는 대학에 들어가지 못한다면? 만약에 꿈의 직장을 얻지 못한다면? 만약에 내가 실수를 한다면? 만약에 배우자가 예기치 않게 사망하게 된다면? 만약에 암에 걸린다면? 만약에 더 이상 일을 할 수 없게 된다면? 만약에 주식시장이 폭락한다면? 이런 가능성과 변수를 예상해 원래의 플랜 A에 부합하는 많은 예비 플랜들을 만들어놓으면, 플랜 A가 실패하더라도 결국에는 성취할 수 있다. 즉, 원래의 플랜 A에서 실패하더라도 A의 일부이자 후속 작업인 플랜 B로 가면 되고, 플랜 B가 성공한다면 플랜 A가 성공한 것으로 간주할 수 있는 것이다. 여러 예비 계획으로 초기 계획을 보완하는 것은 인생에서 일어날 수 있는 대부분의 우발 상황에 잘 대처할 준비가 되어 있다는 것을 뜻하며, 이는 인생의 많은 스트레스와도 이별할 수 있는 계기가 되어준다. 처음부터 완벽하기보다는 유연함에 힘써야 한다.

우리에게는
인생 사용설명서가 없다

제임스 크로크_ 개념적 형상화와 조각으로 유명한 시각예술가

결국에는 우리 모두가 같은 지점에서 만나게 될 것이다. 잘 알지 못하는 것, 말하기를 꺼려 하는 것일수록 같은 결론에 이를 확률이 높다. 나는 젊은이들에게 조언을 하려는 인생 선배들의 열성을 한낱 꼰대들의 해묵은 이야기로 치부하고 귀를 기울이지 않는 의기양양한 젊은이들을 보면 안타깝게 느껴진다. 왜냐하면 인생 선배들이 살아온 이야기는 젊은이들이 아직 살아보지 못한 인생에서 일어날 수 있는 오류들을 간접적으로 경험하고 예방하는 특효약이 될 수 있기 때문이다.

세상 대부분의 사람들은 살기 좋은 형편에 놓여 있지 않다. 단순히 어디에서 태어났느냐에 따라, 그리고 속해 있는 사회의 유형에 따라 상황은 다 다르다. 예를 들어, 아프리카 작은 마을에서 태어난

사람은 독일에서 태어난 사람에 비해 건강과 물질적 혜택을 누리지 못한다. 한국의 남한에서 태어나 자란 사람과 북한에서 태어나 자란 사람 사이의 삶의 질과 기대의 차이도 꽤 크다.

한 사람의 인생의 80%는 태어난 나라와 문화, 사용하는 언어, 당시의 사회 상황에 따라 결정된다. 20년 전의 시리아는 따뜻하고 평화로운 지중해 국가로 세계 어느 곳보다도 살기 좋은 나라였지만, 지금은 전쟁의 소용돌이 속에서 비참한 건강과 교육 상태로 살아야 하는 절망적인 곳이 되어버렸다.

만약 당신이 이 글을 편히 읽고 있다면, 역사적으로 우위에 있는 서구 또는 번영을 경험한 현대 아시아 국가에서 태어나고 자란 행운아일 것이다. 기술 혁명을 풍요롭게 꽃피운 선구자들은 그렇지 못한 나머지 국가와 사람들의 미래를 인도해나가곤 한다.

그렇다면 인생의 마지막에 공통적으로 도달하는 결론은 무엇일까?

나는 뉴욕 맨해튼의 한 변호사를 알고 지냈는데, 그는 어렸을 때부터 명문 학교를 다녔고 하버드 로스쿨을 졸업하여 맨해튼 굴지의 로펌에 취직한 사람이었다. 그는 최고의 나라, 최고의 도시에서 최고의 영향력과 명성, 돈, 안전, 행운 등 모든 것을 발아래에 둔 채 엘리트 코스만 밟아온 금수저였다. 어쩌면 세계 공용어가 된 영어를 쓰는 가정과 국가에서 태어난 것이 그의 첫 번째 행운이었을 것이다. 그의 인생은 처음부터 잘 차려진 식탁과도 같았다.

그러나 놀랍게도 그는 자신의 인생이 실패했다고 말한다.

노인 요양원에 있는 노인들 중 어느 누구도 "인생은 길어요, 자신이 원하는 바를 아주 천천히 이루세요"라고 말하는 사람은 없다. 아니, 오히려 그들은 한결같이 인생은 짧고, 게다가 나이가 들수록 시간은 더욱 빨라져 일주일이 사흘 같다고 말한다. 다른 사람들이 알려주는 성공의 비법대로 살면 인생이 안전하고 보장될 것이라고들 말하는데, 이쯤에서 한번 생각해보자. 그것이 왜 안전한 걸까? 안전을 선택한 사람과 위험을 감수했던 사람 모두 인생의 끝에는 결국 같은 묘지에 나란히 눕지 않는가?

위에서 말한 변호사의 성장 과정을 세밀히 들여다보면, 그의 인생이 꿈을 이룬 삶이 아니라 안전함을 추구한 삶이라는 것을 알게 된다. 안전한 생활이나 월급쟁이 직장인의 생활에 문제가 있다는 것이 아니다. 대부분의 사람들은 예술가도, 소설가도, 음악가도, 정치 지도자도 아니기 때문에 보통 안전이 보장된 길을 걸어간다. 그러나 그 변호사의 경우, 하루하루 영혼과 열정 없이 사무적인 업무만 수행하며 살라는 운명이 아니었을 텐데도 불구하고, 상상력과 모험이 넘칠 수 있었을 삶을 재정적인 안정과 맞바꿨고, 그 결과로 그저 그런 삶을 이어가고 있다고 스스로 고백했다.

인생의 마지막을 앞둔 이들의 공통적인 첫 번째 결론은, 내가 누구인지, 어떤 사람이 되어야 하는지를 다른 누구도 아닌 바로 나 자신이 찾아야 한다는 것이다.

불행히도 우리에게는 '인생 사용설명서'가 없다. 종종 시행착오를 겪어야만 알 수 있는 것이 우리의 인생이다. 우리가 어떤 환경의 누구인지에 대한 귀중한 사전 정보가 거의 없을 때도 많다.

나는 그 어떤 노인도 "살면서 너무나 많은 교육을 충분히 받아왔어"라고 말하는 것을 들어본 적이 없다. 학교에서 많은 시간을 보낼수록 우리는 자신이 누구인지 알게 될 가능성이 높아지기도 하지만, 반대로 우리가 누구인지 알 수 있는 여러 시나리오들에 노출될 기회가 적어지기도 한다.

우리에게 있어 때때로 교육이라는 것은, 사용할 일이 없기를 바라며 살긴 하지만 절체절명의 위기 때 우리의 생명을 구해주는 두 번째 낙하산이 되어준다. 특별한 전공 분야의 대학 공부는 변화하는 세상의 속도가 빨라지고 직장생활의 변화도 시시각각 달라질 때 특히 유용하다. 나는 간호학 학사로 졸업한 한 여성이 스탠퍼드대학의 MBA로 진학해 마침내 월 스트리트에서 성공적인 경력을 쌓은 경우도 보았다.

2008년에 세계적인 금융위기가 닥쳤을 때, 그녀는 직장, 스톡옵션, 주식 등 모든 것을 잃고 파산 위기에 직면했다. 그때 그녀는 자신에게 간호사 자격증이 있다는 사실을 기억해냈고, 그것을 이용해 정부 기관에서 일할 수 있게 되었다. 그래서 대부분의 사람들이 경제적 혼란에서 살아남지 못했을 때, 그녀만큼은 비교적 안전하게 지낼 수 있었다. 그녀가 여러 방면에서 훈련된 사람이었고 열린 사고를 가진 사람이었기 때문이다.

여러분이 백화점을 소유했거나 가게를 운영하는 소매업자라고 가정해보자. 20년 전에는 시장이 안전해 보였지만, 이제는 상업의 중심이 온라인으로 이동함에 따라 소매업체들이 연달아 무너지고 있다. 동네 쇼핑몰은 비어가고 상점에는 파리가 날리고 한때 안전하다고 자만했던 벤처 회사들도 한물간 퇴물이 되어 법원에 파산신고를 내고 있다. 갑자기 간호학이나 건축학, 또는 관련이 없는 분야로 학위나 전공을 바꾸는 사람도 보게 된다. 이제는 어떤 전문적인 직업도 평생 직업이 아니라, 살면서 바뀌고 이동할 수 있는 것으로 이해되고 있다. 그러므로 두 번째 일반적인 결론은, 교육이 성공을 보장할 가능성이 있다는 것이다.

여든의 나이에도 거뜬히 자동차를 운전하는 건강한 사람이 있고 쉰의 나이에도 몸이 망가진 사람들이 있다. 이는 가족력이나 유전자와도 관련이 있겠지만, 더 많은 부분은 건강에 대한 습관과 관련이 있다고 본다. "나는 체육관에서 너무 많은 시간을 허비했어." "담배를 더 열심히 피웠어야 했는데……." "길거리에서 마약을 더 많이 했어야 했어." "태양에 피부를 완전히 새까맣게 태울걸……." 이렇게 말하는 사람은 한 번도 만나지 못했을 것이다.

건강과 관련된 습관과 결과에 대해서도 이전 세대와는 다른 시각으로 봐야 한다. 옛날에는 흡연이 일상적인 사교 수단이었고, 달리기는 대체로 위험한 상황에서만 뛰는 것이었으며, 까맣게 그을린 피부는 휴가를 잘 보냈다는 자랑스러운 증거였다. 오늘날의 건강 습관은 수명을 연장하고, 삶의 질을 높이며, 더 나은 목표를 향해 계속 이동 중이다. 두 세대 전만 해도 40세는 늙은이였고 예순의 나이에 유명을 달리하는 것은 이례적인 일이 아니었는데, 오늘날에는 나이 마흔이면 성인의 정점으로 불리고 60세의 남성^{또는 여성}이 재혼하여 새 가정을 꾸리기도 한다.

세 번째 일반적인 결론은, 건강이 재산이라는 점이다.

체스판의 네모 칸에 쌀 한 알을 놓고, 그 옆 네모 칸에 쌀 두 알을 놓고, 또 그 옆 네모 칸에 네 알을 놓는 식으로 계속해서 제곱으로 늘려가보자. 이 체스판을 다 채우는 쌀의 양이 어느 정도가 될 것 같은가. 1파운드 가방 정도가 되지 않겠느냐고? 조금 더 똑똑한 사람이라면 1파운드 가방 서너 개는 되지 않겠느냐고 할지도 모른다. 놀라지 마라. 정답은 지구 전체에 있는 것보다 더 많은 쌀의 양이다. 1파운드 가방 하나를 채우는 건 체스판 두 줄이면 끝난다. 체스판 세 번째 줄이면 거대한 창고가 필요할 정도가 된다.

이것은 이자의 발생이나 세대 간 빈부가 발생하는 이유와 격차에 대한 간단한 예시가 될 수 있다. 1년 적금으로 생기는 이자는 한 끼 식비도 안 되지만, 2년차에는 1년차의 이자의 이자가 생기는 식이다. 인생의 '궂은 날'을 대비해 약간의 돈을 저축하는 것이 시간 낭비처럼 보이고 체스판의 쌀 한 알이 우습게 보인다면, 그것은 큰 오산이다.

이것이 대부분의 사람들이 하지 않고 살다가 뒤늦게 중년이 되어

서야 깨닫고 시작하려고 하는 저축의 이유이다. 사실 그때 시작하
면 제곱의 효과가 그다지 크지 않다. '시간'이 관련되어 있기 때문이
다. 건강이든 경제적인 변화든 우리를 기다리고 있는 재난을 아무
도 예측하지 못한다는 점, 이것이 인류에게 가장 어려운 공통적인
결론 중의 하나이다.

이 마지막 강의가 모든 이들에게 쉽게 다가갈 것이라고는 기대하
지 않는다. 내가 말한 많은 것들이 당장의 만족이 아니라 나중의 만
족을 위한 것이기 때문이다. 먼 훗날의 만족감을 위해 지금 당장 실
천하는 것이 쉽지 않다는 것을 안다. 그러나 우리가 반드시 기억해
야 할 것은, 모든 사람들이 다 다르게 살아도 우리의 끝은 같은 장소
에서 같은 생각으로 끝난다는 점이다.

6강

"나는 충분하다",
당신의 삶을 바꿀 한마디

마리사 피어_ 영국 최고의 심리치료사이자 유명 강연자

슈퍼모델, 배우 등 유명인의 삶은 화려하고 부족함이 없으며 모든 것을 가진 듯이 보인다. 하지만 그들을 치료하다 보면, 우리와 크게 다름없고 심지어 미혼부^{또는 미혼모} 가정에서 자랐거나 불행한 청소년기를 보내기도 했으며, 우리와 동일한 경험, 질병, 불안에 시달리고 있음을 알게 된다. 그들도 그들 자신에게 만족하지 못한다.

우리 모두가 가진 정서적 문제의 공통점은 '충분하지 않다는 느낌'이다. '나는 충분하지 않다'라는 내적 감정을 가진 사람들은, 더 많은 것이 필요하다는 느낌을 받는다. 그래서 더 많은 사랑, 관심, 음식, 술이 필요하고, 때로는 더 많은 물건을 사야만 한다고 느낀다. 쇼핑, 섹스, 칭찬, 음식, 술, 초콜릿 등으로 충족시켜보지만 결국에는 부족함을 느낀다. 그러나 당신이 충분하다는 것을 '알 때', 당신은

그 무엇도 과도하게 필요하지 않다는 것을 깨닫게 된다.

"나는 충분하다I am ENOUGH!" 이 한마디는 엄청난 힘을 발휘하는 강력한 문장이다.

최대의 효과와 자신감을 지속하기 위해 이 문장을 사용할 수 있어야 한다. 당신이 충분하다는 것을 아는 것은 내적 평화를 갖는 데 매우 중요하며 핵심적인 필요 사항이다. 진정한 내면의 만족과 지속적인 자존감을 가지려면 자신이 충분하다고 느끼고 믿어야만 한다. 왜냐하면 이러한 깨달음이 자신감의 핵심이며, 충분하다는 것을 아는 것은 과도한 식사, 음주 또는 지출로부터의 자유, 아니 그 이상의 자유를 주기 때문이다. 자신이 '충분하다'고 느끼면 자신감에 영향을 줄 수 있는 불필요한 불안에서 벗어날 수 있다. 충분히 훌륭하지 않거나, 충분히 가치가 있지 않거나, 충분히 흥미롭지 않다는 느낌은 많은 사람들이 겪는 우울증, 스트레스, 불안 및 불만의 주요 원인이 되며, 우리가 충분히 흥미롭지 않고, 충분히 매력적이지 않고, 충분히 똑똑하지 않고, 충분히 부유하지 않고, 충분히 좋지 않다고 느낄 때 발생하는 공허함은 많은 것을 사거나 비축하거나 과도하게 먹는 것으로 이를 채우려는 병폐로 이어진다.

30년 경력의 치료사로서, 나는 충분하지 않다는 느낌이 결론적인 문제라기보다는, 대체로 모든 문제의 밑바닥에 깔려 있는 근본적인 문제라는 것을 알게 되었으며, 대개는 어린 시절의 기억에서 비롯된다는 것을 거듭 깨닫게 되었다. 내 환자 중 많은 사람들은 어린 시절의 자신이 충분히 예쁘지도, 충분히 만족하지도, 충분히 똑똑하지도

꿈과 도전

않았다고 생각한다. 그래서 성공과 부를 이룬다 해도, 자신이 부족하거나 사랑스럽지 않다고 느낀 어린 시절에 형성된 내면의 믿음이 남아 있어 성인이 된 지금까지도 영향을 받는다. 만약 우리가 충분하지 않다고 느낀다면, 그것은 앞으로도 결코 충분하지 않을 것이라는 느낌으로 이어질 확률이 높고, 과식과 사재기 그리고 기타 과도한 질병으로 가는 지름길이 된다. 과음, 과식, 강박, 주의력 장애, 심지어는 정신분열증과 같은 현대의 많은 문제들의 근원은 '충분하지 않은' 내적 공허함을 채워야 할 필요성으로 다시 돌아오는 것이다. 필립 세이모어 호프만Philip Seymour Hoffmans, 로빈 윌리엄스Robin Williams, 히스 레저Heath Ledgers, 커트 코베인Kurt Cobains, 브리트니 머피Btittany Murphys, 휘트니 휴스턴Whitney Hustons, 에이미 와인하우스Amy winehouse, 심지어 마릴린 먼로Marilyn Monroe까지, 그들은 부러울 것 없이 모든 것을 가졌음에도 자신의 가치를 알지 못했기 때문에 결국은 아무것도 가질 수 없었다. 자신의 가치를 알지 못하면, 자신의 인생에 대해서도 아무 의미를 느끼지 못한다. 한 연구 조사에 따르면, 전문직 여성의 76%가 자신감 부족을 느낀다고 하며 40대 초반의 남성과 10대 소년이 자신에 대한 불만으로 자살할 위험이 가장 높은 고위험 집단으로 나타났다고 하니, 이는 더 이상 가볍게 넘길 수 없는 문제가 되어가고 있다.

충분하지 않다고 말하는 목소리가 머릿속에 있다면 "나는 충분하다!"로 바꾸어 크게 말하라. 매일 아침저녁으로 반복하고 마음이 받아들일 때까지 말해야 한다. 나는 한 여성 모임에서 이것을 가르쳤는데, 그들을 다시 만났을 때 그중 한 명이 내게 이렇게 말했다. "당신은 지난번에 제 인생을 바꿨어요. 그 전에 저는 제가 여신이고 아름답다고 말해봤지만 그건 통하지 않았어요. 그러나 '나는 충분하다'라는 주문은 제게 완전히 통했고 저는 그것을 알게 되고 믿을 수 있었답니다. 그것이 제 인생에 큰 변화를 가져오고 있어요!"

"나는 슈퍼스타이고 천재다!"라고 스스로 말하라고 한다면, 거부감이 들 수도 있다. 하지만 당신은 충분하고, 항상 충분했고, 앞으로도 충분할 것이라는 진실은 말 그대로 진실이기 때문에 결코 거부당하지 않을 것이다. 당신의 마음이 그것에 대해 논쟁하거나 반대하거나 거부하지 않을 것임을 알기에 말하기가 쉽다. 그것을 말할 때, 당신은 당신의 가치에 대한 감각을 증가시킬 수 있고, 당신 주변의 다른 사람들도 당신의 가치에 대한 그들의 감각이 증가하는 것을 느끼게 된다. 그래서 우리는 매일 자신에게 이 문장을 외쳐야 한다. "나는 충분하다!" 샤워를 할 때나 "어머, 샴푸가 다 떨어졌네"라는 말밖에 할 수 없는 상황에서도, 이를 닦을 때나, 출근할 때나 스스로에게 언제나 "나는 충분하다, 나는 충분하다, 나는 항상 충분했고, 앞으로도 항상 충분할 것이다"라고 말해보길 강력하게 권한다.

"나는 충분하다"라고 말하면 완벽해지려는 그러나 불가능한 목표이다 노력을 할 필요가 없어진다. 완벽해지고 싶어 하는 사람은 매번 결승선이 가까워질 때마다 결승선이 손이 닿지 않는 곳으로 조금씩 멀리 이동해버리기 때문에 이길 수도, 완주할 수도 없는 경주를 하며 항상 낙담하고 불행해한다.

어느 날, 내 사무실 앞에 리무진 한 대가 섰다. 누구나 아는 톱 모델이 나에게 도움을 청하러 찾아온 것이었다. 내 사무실의 리셉션 직원들은 모든 것을 가진 듯이 보이는 그가 도움이 필요해서 왔다는 사실에 놀라움을 금치 못했다. 속은 그렇지 않은데 겉만 완벽하게 보이려고 노력하는 것은 어려운 정도가 아니라 실제로는 불가능한 일이라는 걸 알아야 한다.

당신은 매일 충분하다고 스스로에게 말하고, 당신이 생각하고 원하는 대로 느낄 수 있다는 사실을 이해함으로써 진정한 행복과 내면의 평화를 찾을 수 있다. 감정이 먼저 찾아오고 이어서 더 큰 행복감에 젖어들게 된다. 당신이 이미 가지고 있는 모든 것들을 찬찬히 둘러보길 바란다. 당신이 충분하다고 느낀다면, 왜 행복하지 않으며 무엇이 더 필요하겠는가? 매일매일 자신에게 "나는 충분하다. 나는 충분히 가지고 있다. 더 필요하지 않다"라고 되뇌어라. 이것은 과식과 음주를 멈추게 하고 나쁜 관계를 끊게 하며 좋은 관계를 발전시키는 데 도움을 준다. 왜냐하면 당신의 존재가 그만한 가치가 있음을 알게 될 테니까.

"나는 충분하다"라고 자주 말해야 한다. 큰 소리로 말하고, 느낌을 실어 말하고, 온 마음을 다해 성심껏 말하고, 나를 억누르고 나에게 상처를 주는 충분하지 않다는 느낌을 완벽하게 대체할 때까지 반복해서 말하라. 우리가 충분하다고 느낄 때, 비로소 긍정적인 에너지가 생긴다. 사람들은 자기애가 있는 사람을 좋아하기 마련이고, 내면의 평화를 가진 사람에게 강하게 이끌리는 법이다.

당신의 신체가 전부는 아니다.

당신의 급여가 당신을 말해주지 않는다.

당신의 과거가 말해주는 게 다가 아니다.

당신은 당신의 나이로만 평가받지 않는다.

당신은 당신의 어린 시절에서 끝나지 않았다.

당신은 충분하다. 항상 그래왔고, 앞으로도 그럴 것이다.

보이는 것은 포장일 뿐, 당신이 누구인지 그 알맹이가 훨씬 더 중요하다. 그렇다고 해서 외모가 중요하지 않고, 최대한 꾸며서 기분 좋을 필요가 없다는 말은 아니다. 다만 우리의 멋진 외모가 우리를 행복하게 하고 자신감을 주는 데 그렇게 큰 비중을 차지한다면, 세상에는 불행한 미녀와 미남은 존재하지 않고 행복한 미녀와 미남만 넘쳐나야 하지 않겠는가.

많은 사람들이, 스스로에게 하는 자기 칭찬을 이해하지 못할 때가 많다. 긍정적인 말을 반복하다 보면 온갖 종류의 의문이 스멀스멀 올라오기도 한다. 당신이 스스로에게 "나는 충분하다"라고 말하면 마음 한구석에서는 반대의 말들이 나지막이 떠오른다. "뭐가 충분해? 나는 직업도 별로고 돈도 없고 차도 없는데……."

이 단계에서 많은 사람들이 포기할 위기에 부딪힌다. 하지만 반대를 제기하는 사람이 바로 나 자신이기 때문에, 이를 막을 수 있는 힘도 나에게 있다는 사실을 기억하라. 포기하지 않으려면 다음과 같이 반론을 포함하여 말해보면 좋다. "나는 돈이 많지는 않지만 여전히 충분해", "나는 차가 있든 없든 충분해", "내가 충분하다고 생각하는데 무슨 상관이야?", "스스로 충분하다는 것을 인정하고, 내가 나를 좋아하면 그만이지. 그렇다면 뭐 다른 사람들도 나를 좋아하게 되겠지" 등등.

초기에 이 "나는 충분하다"라는 말에 이의를 제기하는 것은 자연스러운 현상이다. 떠오른 이의의 내용을 잘 살펴보고 더 나은 것으로 대체하기만 하면 된다. 계속해서 자기 칭찬을 하면 결국에는 이의가 남지 않고 소진되어 당신의 뇌는 "주인이 이 말을 자주 하고 있고 이런 확신을 가지고 있으니 이건 틀림없는 사실이구나"라는 결론을 내릴 것이다. 당신의 뇌는 당신에게 동의하고, 마침내 목표를 위해 실질적인 진일보進一步를 하게 된다.

과거의 당신은 "나는 충분하지 않아"라는 불평을 늘어놓는 불신자였는데, 지금의 당신은 "나는 충분하다"라고 말하는 인생 예찬론자가 될 것이다. 이로써 당신은 행복으로 가는 문의 확실한 문고리를 잡게 되었다. 당신은 그 문을 열고 들어가 마음껏 즐길 자격이 있다.

내가 행복에 대해 배운 것들

루트 빈호벤_ 행복학의 세계적인 권위자

나는 1960년대부터 사회학을 공부하면서 특별히 이 주제에 관심을 갖게 되었고, 이후 평생 이것을 연구하며 많은 시간을 보냈다. 바로 '행복'이다. 내가 관심을 갖게 된 데는 당시의 사회적 분위기 탓도 있다. 마침 '성장의 한계'에 대한 논의가 한창이었고 더 많은 '부'보다는 '웰빙well-being'에 대한 요구가 높아졌을 때였다. 그때 웰빙에 대한 몇 가지의 개념이 함께 논의되고 발전되었는데, 그중에서도 나의 관심을 끈 것이 '잘 느끼는 삶well-feeling'에 대한 추구였다. 이 현상에 관심을 갖게 된 데는 남다른 이유가 있다. 그때 나는 동료 학생들과 거의 동일한 조건과 환경에서 생활하고 있었는데, 나는 매우 행복했던 반면 그들은 행복하지 못했다. 나는 그 이유를 알고 싶었다.

논문을 써야 할 때가 되었을 때, 나는 사회심리학 분야에서 행복에 관한 글을 쓰기로 마음을 정했다. 그 논문에서 나는 행복을 삶 전체의 주관적인 즐거움으로 정의하고, 그에 대한 연구 결과를 수집했다. 그 이후에도 나는 행복에 대한 많은 정보를 추적하면서 나의 첫 번째 논문을 계속 확장시켜갔다.

이러한 정보들을 모아 아카이브http://worlddatabaseofhappiness.eur.nl를 만들었고, 누구나 무료로 이용할 수 있게 했다. 여기에는 행복에 관한 약 2만 5천 개의 정보들이 담겨 있으며 그중 특정한 시간과 장소에서의 행복감에 대한 것이 약 1만 개, 사람들의 행복이 추가되고 감소되는 추이에 관한 것이 약 1만 5천 개 담겨 있다.

나는 행복에 관한 철학책을 많이 읽고 연구했는데, 행복에 대한 본질을 알게 되면서 많은 철학적 추측들이 틀렸다는 사실도 깨닫게 되었다.

행복은 가능하다

몇몇 철학자들이 말하기를, 인간에게는 피할 수 없는 고통과 죽음이란 것이 있기 때문에 궁극적인 행복은 불가능하다는 것이다. 그러나 데이터에 따르면 적어도 선진국에서는 대부분의 사람들이 행복감을 느낀다. 덴마크에서는 평균 행복 지수가 8.4이다10을 완벽한 행복으로 볼 때. 덴마크 사람이 실제 느끼는 것보다 더 행복한 척한다는 걸까. 아무래도 이 주장은 틀린 것으로 보인다.

큰 행복도 가능하다

우리가 실제보다 더 행복할 수 없는 몇 가지 이유로 꼽는 것들이 있다. 그중 하나는 행복이 상대적이라는 것이다. 즉, 행복은 다른 사람들, 특히 비교 대상인 사람들이웃, 엄친아 등보다 내가 더 나은 삶을 살고 있다고 생각하느냐, 생각하지 않느냐에 달려 있다. 그런 점에서 개인의 행복 추구는 한 명이 행복해지면 다른 한 명은 불행해지는 제로섬zero-sum 게임이다. 삶의 조건을 집단적으로 개선한다고 해도 행복도가 현격히 높아지지는 않을 것이다. 왜냐하면 비교 대상과의 차이는 언제나 그만큼 존재하기 때문이다. 이 이론을 반대하는 또다른 이론은, 행복은 유전적 재능과 초기 경험에 뿌리를 둔 내적 성향이라고 주장하는 부류이다. 그러나 연구에 따르면 행복은 평생에 걸쳐 상당히 변화할 수 있으며, 국가 단위의 평균 행복은 지난 50년 동안 대부분의 국가에서 점차로 증가하는 경향을 보이고 있다.

행복하려면 살기 좋은 환경이 필요하다

일부 철학자들은 성인聖人이 고문을 받아도 마음의 평화와 행복을 유지할 수 있었다는 사실을 예로 들면서, 행복이란 순전히 내적 평화에서 오는 것이라고 말한다. 하지만 사실 행복은 외적 생활 조건에 크게 영향을 받는다. 일단 음식, 피난처, 안전, 교제, 존중과 같은 인간의 기본적인 욕구가 충족되어야 한다. 이러한 '결핍 욕구'가

꿈과 도전

채워지면 인간은 자신의 능력을 계발하고자 하는 타고난 욕구, 즉 환경적인 기회와 도전을 필요로 하는 '성장 욕구'를 발현한다. 오늘날 앞서가는 복지국가들은 일반적으로 이 두 가지 요구 사항을 모두 충족시키고 있으며, 모든 시민에게 합리적인 생활 수준을 제공하고, 직장이나 스포츠 등의 분야에서 많은 선택과 도전을 제공한다.

행복은 삶의 능력에 달려 있다

철학적 직관만으로도, 행복감을 느끼는 사람의 특성을 쉽게 발견할 수 있다. 행복을 잘 느끼는 사람들은 일반적으로 현실적인 견해를 갖고, 쉽게 방해받지 않으며, 사교성과 독립성을 겸비하고, 절제된 삶을 선호하는 '지혜로운 생활인'들이다. 많은 종류의 삶의 능력이 행복과 관련이 있으며 어떤 능력이 행복을 가장 크게 좌우하느냐는 각국의 문화에 따라 다소 차이가 있다.

다양한 선택이 가능한 현대사회에서는 자신에게 맞는 삶의 방식을 찾는 것이 가장 중요한 능력이라 할 수 있다. 여기에는 자신이 어떤 사람인지자신의 강점과 약점이 무엇인지, 어떤 활동을 가장 좋아하는지를 아는 것, 자기주도성, 어떤 상황에서 어떤 선택을 할 것인가에 대한 현실적인 견해가 포함된다. 오늘날, 이러한 삶의 능력과 기술은 현대 복지국가의 대표 격인 덴마크 등에서는 많이 육성되고 있고, 행복지수가 낮은 일본과 같은 국가에서는 크게 부각되고 있지 않은 것 같다.

자기 위안이나 자기계발에 관한 책들과 인생 코치의 도움을 받는 것이 자신만의 삶의 방식을 찾는 데 도움이 될 수 있다. 나는 대형 건강보험회사의 지원을 받아 '행복 지표'라는 웹 기반의 자기 위안 툴을 개발했다. 이 사이트는 다른 참가자와 즉각적인 비교를 제공하여 사용자가 자신의 행복을 얼마나 잘 다루고 있는지, 다른 삶의 방식을 갖고 있는 사람들의 행복은 어떠한지를 깨닫게 함으로써, 모두가 더욱 행복해지기 위한 소통의 장이 되고 있다.

행복에는 유익한 부작용이 있다

대부분의 고전 철학자들은 사람들에게 도덕적인 조언을 하는 것을 직업으로 삼았고, 아마도 그러한 이유 때문인지 즐거운 삶보다 도덕적인 삶에 더 가치를 두었다. 그래서 행복의 부정적인 영향으로 이기주의와 무비판적인 태도가 생성된다는 이론도 있다. 공상과학소설 《멋진 신세계Brave New World》는 비판적 사고와 도덕적 의식의 희생을 대가로 한, 대중의 행복 우선주의 사회를 묘사했다.

다시 말하지만, 경험적인 연구를 하다 보면 철학적인 추측이 잘못된 경우를 많이 보게 된다. 행복한 사람들은 일반적으로 사회에 더 많이 참여하고 뉴스를 더 잘 보며 정치적 행동을 더 많이 취한다. 또한 행복한 사람들은 더 정직하고 세금도 더 잘 낸다. 행복한 사람들은 더 사교적이고 배우자와 부모로서 더 잘해내며 직장에서, 특히 창의성과 원활한 의사소통이 필요한 직업군에서 뛰어난 업무 능력을 보인다. 마지막으로 가장 중요한 것은, 행복이 사람을 건강하게 만들기 때문에 행복한 사람이 불행한 사람보다 훨씬 더 건강하게 오래 산다.

이것을 개인적인 삶에 어떻게 적용할 것인가

나는 내 삶에 더 만족하고 싶어서, 어느 시점부터는 행복에 대한 연구에 참여하지 않았다. 나는 언제나, 이미, 꽤 행복하다. 나는 연구 보고서를 읽으면서 행복한 사람들의 특성에서 때때로 나 자신을 보게 된다. 예를 들어, 나는 세계에서 가장 행복한 나라 중 한 곳에 살고 있으며, 직업도 있고, 결혼 생활도 행복하고, 자녀와 손주들과 정기적으로 만나고 있으며, 건강을 유지하고, 좋은 수면을 누리는 축복을 받았다. 전문가의 견해로 볼 때, 이는 부분적으로는 행운이고 부분적으로는 나 자신에게서 비롯된 것이다. 어쩌면 나는 집에서 직장으로 가는 길에 사고가 날 수도 있고, 다른 직업이나 배우자를 선택함으로써 인생의 상황이 쉽게, 갑자기 변할 수 있다는 것도 안다. 어쨌거나 나는 일반적인 행복의 패턴에 잘 맞는 유형인 것 같다.

나의 행복은, 연구의 결과를 얻는 것보다 행복을 연구하는 그 자체에 있다. 나는 65세에 은퇴하여 10년이 지난 지금까지도 여전히 주 5일 동안 연구하고 있다. 연구의 삶은 나의 지성을 예민하게 유지시켜주고, 동료 및 학생들과 매일 접촉하게 만들며, 여러 가지 삶의 의미를 부여해준다. 내가 지금의 이 삶이 아니라 다른 삶을 살았다면 지금처럼 똑같이 행복했을까? 내가 처음의 계획대로 정치가가 되었다면 어땠을까? 다른 전공을 택하여 심리치료사가 되었다면 어땠을까? 그건 아무도 모른다. 내가 아는 오직 한 가지는, 지금 나에게 꼭 맞는 삶을 살고 있다는 것뿐이다.

모든 건, 나에게 달려 있다

빈스 에베르트_ 경영 컨설턴트에서 학술공연 전문가로
변신한 현직 예술가

물리학을 공부한 후, 나는 '힘의 어두운 면욕심, 두려움, 집착 등의 부정적인 감정'에 치우쳐 사회생활을 시작했다. 당시 나는 큰 컨설팅 회사의 주니어 컨설턴트였는데, 알다시피 '좋게 들리지만, 기분은 썩 좋지 않은' 이 직업은 창의성이나 상상력 또는 틀에 얽매이지 않는 사고를 추구하는 것이 아니라, 실수 방지와 무결점만 강조되는 곳이었다. 이로 인해 고객 앞에서 프레젠테이션이라도 하는 날에는 거의 죽기 살기로 몇 날 며칠을 지새우며 픽토그램과 그래픽, 엑셀 표를 가능한 한 정확하게 파워포인트로 만드는 데 모든 열정을 쏟아야 했다.

그렇게 일한 지 3년 후, 나는 완전히 방전되어 일을 그만두었다. 아마도 내 발로 나가지 않았어도 해고되기 직전이었을 것이다. 나는 더 이상 좌절감을 감출 수 없을 만큼 지친 상태였다.

그로부터 며칠 후, 나는 대형 산업용 가스 회사의 커뮤니케이션 부서에서 낸 구인 광고를 보고 응시했다. 채용 담당자와의 인터뷰는 매우 순조로웠고, 나는 합격을 거의 확신하면서 기분 좋게 집으로 돌아왔다. 며칠 후 우편함에 편지가 도착했는데, 불합격 통지서였다. 혼란스러워진 나는 채용 담당자에게 전화를 걸어 무엇이 잘못되었는지 알아보았다. 그녀는 매우 솔직하게 말해주었다. "에베르트 씨, 당신은 정말 우리가 가장 선호하는 신입사원 후보였어요. 하지만 솔직히 말해서, 당신이 이 직업을 원하는 것 같아 보이지 않았어요."

맙소사! 말도 안 되는 소리에 전화를 확 끊었다. 그러나 나는 곧 깨달았다. 그녀의 말이 완전히 옳다는 것을. 나는 평생 동안 나 자신을 속이고 있었고, 그녀는 그것을 직관적으로 감지했던 것이다.

다행히도 나는 그 불합격 사건을 내 인생을 반추하는 데 사용했다. 채용 담당자의 잔인할 정도의 정직함이 나를 한계점까지 밀어붙였다. 그리고 그 지점에서 나는 내가 어떤 직업을 대안으로 가져도, 매번 똑같은 결과와 좌절감을 맛볼 것이란 사실을 깨달았다. 나는 원래의 계획을 포기하고 완전히 새로운 방식으로 다시 생각하기 시작했다. 난생처음, 나는 어떤 직업이 나를 기쁘게 하고 어떤 일이 나에게 즐거움을 주는지 스스로에게 물었다. 가끔 이렇게 인생의 위기는 생뚱맞은 아이디어를 낳는다. 그 전화 통화는 내 무대 경력의 출발점을 만들어주었다.

불과 100년 전만 해도 사람들은 직업적인 자기 성취와 만족에 그다지 신경 쓰지 않았다. 그들은 가족의 전통이나 유산에 따라 빵 굽는 사람이나 자물쇠 제조공이나 정육점 주인이 되었다. 그런 식으로 직업에 대한 예측이 100% 가능했다. 학교를 나오고, 도제식 수업으로 견습하고, 어딘가에 고용되었으며, 그렇게 50년 동안 열심히 일한 후에 명예 증서와 시계 등의 선물을 받았다.

한 설문조사에 따르면, 독일 대학 졸업생의 87%가 직업을 선택할 때 자신의 기쁨을 가장 우선시한다고 한다. 행복, 만족, 자기 성취는 그들의 희망 리스트 맨 위에 있다. 그런데 사실 이 지점이 드라마가 시작되는 지점이라고 할 수 있다. 어떤 직업이 나를 행복하게 할지, 그 직업을 경험해보지 않고 누가 어떻게 미리 알 수 있겠는가? 나를 훨씬 더 행복하게 만드는 일이 다른 곳에 있을지 누가 알겠는가? 행복과 만족도를 어떻게 측정하고 비교할 수 있겠는가?

"진정한 행복은 내면에서 온다"는 말을 셀 수 없이 들어왔을 것이다. 이 경우에만 나는 자칭 과학자 친구들의 의견에 동의한다. 행복은 뇌에서 생성된다. 뇌는 도파민, 세로토닌, 엔도르핀과 같은 물질을 방출하는데, 바로 이것들이 기분을 좋게 만드는 신경전달물질이다. 우리 뇌를 행복하게 만드는 유일한 것이 이 행복 호르몬들의 수치이다.

돈, 지위, 쇼핑, 술, 성형수술 등은 그 어느 것도 우리를 행복하게 만들지 않는다. 소박한 농가에서 단순한 생활을 하는 농부가 100평짜리 펜트하우스에 사는 금융인보다 세로토닌 수치가 높다면, 그 농부가 더 행복한 것이다. 이것은 간단한 산술이다.

당신이 개인적으로 행복해하는 이유를 다른 사람은 알 수 없다. 가까이에 프로작^{우울증 약}을 처방해주는 약사 친구가 있다는 사실을 안다면 모를까, 아무도 모른다.

우리는 알려진 것보다 우리의 행복을 위해 더 많은 일을 할 수 있다. 어떤 동물에게 음식을 그냥 주는 상황과 특정한 임무를 완수하면 스스로 음식을 먹을 수 있게 하는 상황, 이 두 가지를 실험해보았다. 놀랍게도 그들은 후자를, 즉 먹이를 얻기 위해 '일'을 하는 것을 선호했다. 그것이 그들에게 더 높은 수준의 만족감을 주었다.

힘든 일과 피로를 극복하더라도 목표를 세우고 나아가는 일은 우리들의 행복 상태를 눈에 띄게 향상시킨다. 자기 결정과 자율성은 그것이 단순한 환상으로 밝혀졌을 때조차도 세로토닌 수치를 높이는 것으로 입증되었다. 수많은 설문조사는 직업에서의 자기 결정이 더 많은 창의성과 효율성으로 이어진다는 것을 증명하고 있다. 또한 스웨덴 연구진은, 부담이 많은 직업이면서 일에 대한 권한은 없는 상태일 때 만성질환에 걸릴 위험이 현저히 높아진다는 사실을 밝혀냈다. 만약 누군가가 자신이 처한 환경의 희생자라고 느낀다면, 그는 스스로 불행하다고 생각한다고 한다.

당신의 삶이 6개월밖에 남지 않은 시한부라고 가정해보자. 과연 남은 시간을 어떻게 보내겠는가? 나중에 시한부 판정이 의사의 오진으로 밝혀졌다고 치자. 사실 당신은 완전히 건강한 상태였던 것이다. 그렇다면 다시 예전의 삶으로 돌아가겠는가? 만일 그렇지 않다면, 왜 오늘 당장 그렇게 살지 않는가?

내가 말하고 싶은 요점은 당신의 직업이 마음에 들지 않으면 그만두라는 것이다. 단호하게 그만둬라! 이미 마음이 떠나 있는 당신이 없으면, 어쩌면 고용주도 더 행복할지 모른다.

20년 전 내가 코미디 무대에 뛰어들었을 때, 나는 이 모든 것이—모든 노력을 기울여 열심히 일했음에도 불구하고—끔찍하게 실패할 수 있다는 사실을 알고 있었다. 삶을 변화시키는 모든 결정에는 언제나 상당한 위험과 위기가 따르기 때문이다. 우리가 올바른 길을 가고 있는지 결코 확신할 수 없기 때문에, 우리는 항상 실수를 한다. 그 뿌리 깊은 불확실성은 종종 우리를 우울하고 피곤하게 만든다. 하지만 우리 인간은 지구상에서 가장 유연하고 적응력이 뛰어난 생물이다. 우리는 가장 창의적인 방법으로 결손을 만회할 수 있는 독특한 능력을 지니고 있다. 예를 들어, 식사가 고문에 가까울 정도로 음식 문화가 발달하지 않은 나라가 영국인데, 세계적으로 유명한 요리사 중에는 영국인이 많다. 철학자 파울 파이어아벤트는 성기능 장애가 있었지만, 네 번이나 결혼했다.

우리의 뇌는 평생 유연하고 역동적인 상태를 유지하므로 인생을 바꾸는 데 너무 늦은 때란 없다. 벤저민 프랭클린Benjamin Franklin은 78세에 이중초점 렌즈를 발명했고, 블라디미르 호르비츠Vladimir Horowitz는 84세까지 피아노 콘서트를 열었으며, 록 가수 키스 리처즈Keith Richards는 105세에도 여전히 연주를 할 것으로 예상된다. 따라서 마치 40세에 인생이 끝난 듯 호들갑 떠는 사람이 있다면 제발 멈춰주길 바란다.

물론 모든 것이 다 가능한 것은 아니다. 90세에 〈백조의 호수〉의 지그프리트 왕자 역을 맡을 수는 없을 것이다 인공 고관절을 가진 보통의 노인이라면 더욱 그렇다. 우리의 많은 꿈이 가족에 대한 의무나 건강상의 이유로 또는 돈이 부족해서 좌절된다. 하지만 우리가 분발한다면 아직 늦지 않았다. 많은 꿈들이 여전히 실현될 수 있다.

당신의 삶에 가장 중요한 것은 오로지 당신의 결정뿐이다. 나는 무엇이 '이성적'인지를 가장 중요한 근거로 들어 직업을 선택한 많은 사람들을 보아왔다. 그들은 대학에서 직장으로 순조롭게 옮겨갔으며, 그 이후에 주어진 많은 결정들에 의문을 제기하지 않고 다음 승진을 위해 기꺼이 야근을 하고, 내가 하고 있는 일이 나에게 정말 맞는 것인지 아닌지를 자문하는 것을 잊고 산다. 하지만 그들 모두 은퇴할 날짜만은 정확히 기억하며 살아가고 있다.

하지만 어떤 사람들은 꿈을 좇고, 직장을 그만두고, 가게를 열고, 서핑 학교를 찾거나 예술가가 된다. 그들은 안전한 직업을 포기하고 그들을 만족시키는 것을 추구한다. 대담하고 이상하게 들릴지도 모르겠지만, 내 경우에는 확실히 효과가 있었다. "나는 행복하다!"라고 외치면서 자폭하는 심정으로 뛰어들어라. 행복이 비록 신경전달물질에 의해 제공되는 단순한 환상일지라도!

인생은 다른 계획을 세우는 동안 일어난다

다이애나 헨리케스_ 2008년 금융위기를 취재해
퓰리처상 후보에 오른 금융전문기자

"이야기story를 해봐."

인류의 오랜 역사 동안깜빡이는 햇불을 이용하던 석기시대부터 오늘날의 소셜 미디어에 이르기까지, 자아와 모험을 찾아 떠난 우리의 여행은 보통 이 한 문장에서 시작된다.

이야기의 힘은 심오하며 강력하다. 갑작스러운 또는 혼란스러운 사건 가운데서 일종의 유형을 찾게 해주고, 고통스럽고 슬픈 시기에는 의미를 찾게 해주며, 우리 자신의 삶과 우리가 좋아하는 사람들의 흐름을 기록할 때 가장 요긴한 방법이 되어준다. 이야기는 인간을 인간답게 만드는 위대한 유산의 일부임에 틀림이 없다.

저널리스트이자 작가로서 오랫동안 만족해왔던 내 경력을 되돌아보면, 내 인생이 짜임새 있는 구성이 아니라 두서없이 펼쳐진 이

야기 같다는 생각이 든다. 중요한 진로에 대한 결정은 갑작스러운 기회, 예상치 못한 이전, 현상 유지에 대한 불만 등에 의해 이루어졌다. "아, 내 계획은 이게 아닌데…… 이번이 아니라 다음 장에서 일어나야 해"라는 식으로 계획적으로 생각한 적이 없었다. 인생의 갈림길 앞에서 그저 내 수중에 주어진 선택지들 가운데 최선을 고르려고 노력했을 뿐이었다.

우리가 어떻게 살아왔는지를 이야기의 형태로 볼 수 있는 시점은 우리의 삶이 어느 정도 지난 후부터 일 것이다. 찰스 디킨스Charles Dickens는 자신의 반半자전적 소설 《데이비드 카퍼필드David Copperfield》에서 근본적인 질문을 던지며 이야기를 시작한다. "내가 내 인생의 영웅이 될 것인가, 아니면 다른 누군가가 그 자리를 차지하게 될 것인가." '내 인생의 영웅'이 되고자 하는 것은 우리 모두가 성취하기를 갈망하는 것이라고 생각한다.

만약 내가 시간을 거슬러 올라가 어린 나에게 미래의 길에 대해 조언할 수 있다면이 '마지막 강의'의 본질이기도 하다, 먼저 너의 삶에서 펼쳐지고 있는 '이야기'를 찾으라고 말해주고 싶다. 그런 다음, 그것의 결정적인 본질을 찾기 위해 노력하라고 말하고 싶다. 그리고 마지막으로는, 네가 자랑스러워하고 감사하게 생각하는 이야기들로 마음껏 채우라고 할 것이다.

'나의 이야기'를 찾고 만들어가려면 각별한 주의가 필요하다.

나는 성인이 된 후, 오랫동안 일기를 써왔다. 어떤 시기의 일기에는 분노나 좌절 또는 슬픔에 대한 진심 어린 외침이 담겨 있다. 성취와 모험의 기록1982년의 첫 해외 여행, 1989년에 시작한 첫 기자 생활, 2015년 명배우 로버트 드니로와 함께 영화를 찍었을 때의 흥분 등도 고스란히 담겨 있다. 기쁠 때나 슬플 때나 이러한 삶의 경험을 일기에 기록하기 위해 매일매일 나의 시간과 사건, 마음에 주의를 기울여야 했다.

일기를 쓰는 것은 작가로서의 삶에 엄청난 보상을 주었던 동시에, 한 인간으로서의 삶에도 훌륭한 인도자가 되어주었다. 요즘에도 나는 예전에 내가 겪었던 상황과 비슷한 도전과 어려움을 만나면, 그때 어떻게 대처했었는지 복기하기 위해 빛바랜 일기장을 넘겨보곤 한다. 그 옛날 새로운 직장에서 처음 몇 주간 힘들었던 이야기를 다시 읽는 것은 최근 비슷한 상황에서 내가 나아갈 방향을 찾는데 도움이 된다. 남보다 이른 시기에 가족과의 사별을 겪었던 내 마음을 다시 들여다보면, 새로운 상실감이 찾아왔을 때 깊은 위안이 되기도 한다. 일기를 쓰는 것이 우리 자신의 삶에 주의를 기울이는 유일한 방법은 아니더라도, 매우 유용한 방법인 건 틀림없다고 생각한다.

그러면 자신의 이야기, 자서전의 본질은 어떻게 찾을 수 있을까?

특정한 종류의 도전과 결과에 대해 말할 때, 인간 문화에 깊숙이 침투된 까닭에 일종의 대명사나 약칭이 된 전형적인 이야기들이 있다. 예를 들어, 누군가가 '신데렐라'처럼 살았다고 하면, 마법의 도움을 받아 한순간에 누더기에서 부자가 된 인생을 예상할 수 있다. 누군가가 '다윗 대 골리앗'의 삶을 살았다고 하면, 평소 과소평가된 인물이 역경에 맞서 싸워 예상과 다르게 성공을 이뤄냈음을 짐작할 수 있다. 우리 중에는 슬프게도 그리스 신화에 나오는 '이카로스'와 같은 삶을 사는 사람도 있다. 자신의 날개가 태양에 녹는 것도 모르고 위로만 솟구쳐 오르던 야망이 결국 붕괴와 파멸로 끝이 나는 이야기이다. '미다스'의 손과 같은 인생도 있다. 손을 대는 즉시 죄다 금으로 변하게 만드는 능력자이지만, 사랑하는 딸처럼 삶의 아름다운 가치마저도 위험에 빠뜨리고 마는 그런 인생 말이다. 나는 작문 워크숍을 진행할 때, 학생들에게 이러한 전형적인 이야기를 가능한 한 많이 나열하도록 요구한다. 그래야 그들이 자신의 이야기와 삶에서 짜임새 있는 구성을 만들어낼 수 있기 때문이다.

이런 친숙한 이야기들에는 인간 본성에 대한 수천 년의 지혜가 포함되어 있기 때문에, 우리 자신의 삶이 결정적인 지점에 도달했을 때 도움을 받을 수 있다. 불행한 하층 계급 가정에서 태어나 작가가 되고 오래도록 행복한 결혼 생활을 유지하고 있는, 이 꿈같은 삶을 사는 나야말로 진정한 신데렐라 이야기의 주인공이 아닐까 싶다. 내 이야기 속에도 '마법의 요정'이 있다. 그분께 감사를……

그렇다면 우리 삶에서 일어나는 우연한 사건과 기회를 가지고 자부심과 만족감을 느낄 만한 이야기로 만들려면 어떻게 해야 할까?

나는 "당신의 인생은 당신이 다른 계획을 세우는 동안 일어나는 일Your life is what happens to you while you're making another plan"이라는 오래된 속담을 좋아한다. 불행하게도, 삶은 아무 계획을 세우지 않는 동안 자주 중대한 일을 맞닥트리게 만든다. 1970년대 중반, 내가 젊은 신문 기자였을 때 읽었던 시간 관리법의 고전《어떻게 당신의 시간과 인생을 지배할 것인가How to Get Control of Your Time and Your Life》가 내 인생을 송두리째 바꿨다고 해도 과언이 아닐 것이다.

그 책의 저자 앨런 라킨은 우리가 인생에서 원하는 것이 무엇인지 깊이 생각하고 장기적인 목표를 설정할 것을 촉구한다. 그런 다음, 우리가 매일, 매주, 매달 해결할 수 있는 더 작고 개별적인 단계로 목표를 쪼개면 최종 목표를 달성할 수 있다고 했다. 그의 이 고전 명작은 수십 년이 지난 지금도 여전히 사랑받고 있는데, 사실 자세히 들여다보면 그의 공식에는 전혀 놀라울 것이 없다. 그는 단순히 '우리가 시간을 어떻게 보내는가'에 대해 말하고 있는데, 이는 '우리가 인생을 어떻게 보내고 있는가'와 정확히 똑같은 말이다. 우리의 삶을 만족감과 자부심이 넘치는 이야기로 만들고 싶다면, 당연히 최소 단위의 작은 시간들까지도 매일매일 만족감과 자부심을 느낄 수 있는 순간들로 채워야 한다는 뜻이다.

그러기 위해서, 우리는 항상 어떤 종류의 이야기를 써 내려갈지에 관한 분명한 감각과 주의력을 가지고, 자신의 삶을 의도적으로 그 이야기의 묘사와 서술 방향에 맞게 흘러가도록 노력해야 한다. 마지막 순간 필연적으로 만나게 될 '끝The End'이 나타났을 때, 가슴 뭉클한 여운으로 마지막 장을 덮을 수 있도록.

지킬 것인가, 말 것인가

에두아르도 살세도-알바란_ '21세기의 셜록 홈즈'
'범죄와 싸우는 철학자'로 불리는 범죄연구가

나는 평생을 범죄와 관련된 사회현상을 이해하는 데 바쳤지만, 지금은 그것에 대해 논하지 않겠다. 대신 이번이 내 인생의 마지막 공개 강의가상이지만라는 점을 고려하여 나의 개인적, 전문적인 삶의 기초가 되었던 핵심 질문을 가지고 이야기를 나눠보려고 한다.

우리는 자라면서, 어떻게 행동하고 생각해야 하는지에 대한 지침을 받는다. 이런 지침의 대부분은 우리가 사회에 쉽게 적응할 수 있도록 하는 중요한 규칙이다. 우리 주변의 모든 암묵적이고 명시적인 법, 종교적인 교훈과 제도는 동료들과 더불어 사는 방법을 알려주며, 공감의 범위를 확장해 주변 자연과도 어울려 사는 법을 가르쳐준다. 이런 규칙들의 대부분은 사회생활을 이해하는 데 중요하며, 공공의 사회질서를 달성하도록 설계되어 있다. 하지만 규칙들은 사회를 유지하는 필수 요소이긴 해도, 우리에게 심리적, 사회적 획일성을 제공하기 때문에 때로는 부정적으로 작용할 때도 있다.

사회 규칙의 예측 가능성과 획일성을 그대로 흡수하는 것은 위험하다. 완전히 정적인 마음과 완전히 획일화된 사회는 세상을 이끌거나 발전시키거나 개선하게 만들지 않는다. 정적인 마음과 획일화는 특히 경제적, 정치적 권력을 가진 사람들의 힘만 키울 뿐이다.

사회규범에 불순종하는 것은 위험하지만, 비판의식 없이 절대적으로 지키는 것 또한 위험하다. 사회적 제도의 절대적 결핍 혹은 절대적 획일성, 두 상황 모두 디스토피아_{부정적이고 불완전한 세상}의 대표적 사례들이다. 이런 디스토피아는 제도적 역설의 갈등을 보여준다. 우리에게는 규칙과 사회질서가 필요하지만, 동시에 그것들을 두려워하는 성향도 함께 있다.

우리는 태어날 때부터 같은 규칙에 대해 순종하거나 불순종하거나, 양자택일의 심리적 갈등 속에서 살아왔다. 우리는 사회적 규칙을 따라야만 한다고 하면서 동시에 그 규칙을 넘어서 창의적으로 행동하라는 말도 듣는다. 상자 안에 있으면서 상자 밖에서 생각하라는 얘기와 다를 바가 없다.

따라서 사회 또는 개인의 수준에서 대답하기 가장 어려운 질문 중 하나는 우리가 어떤 규칙은 따르고 어떤 규칙은 거부하며, 또 어떤 규칙은 만들어야 하는지를 결정하는 것이다.

인생의 초기에 이 '규칙을 깨는 문제'에 대응하는 방법은 다음 세가지 중 하나였다. 모든 규칙을 주저 없이 어기는 범죄자가 되는 것,

모든 규칙을 주저 없이 따르는 평범한 사람이 되는 것, 그리고 일부의 규칙을 어기는 위험을 감수하더라도 새로운 것을 고안해내는 혁신적인 사상가가 되는 것.

기본적으로 사회를 결속시키는 접착제는 항상 변화하는 약속과 규칙으로 구성된다. 따라서 오래된 규칙을 거부하고 새로운 규칙을 제안하는 위험을 감수하는 사람들은 결국 사회를 형성하고 조성하는 사람들이다. 경제 시장과 사회의 상호작용을 수정하는 도구를 발명하는 것에서부터 정부의 모델을 개발하는 것에 이르기까지, 모든 결정은 사회적 규칙을 준수하느냐 위반하느냐의 기로에 서 있으며, 이는 현실과 미래의 유익함을 위한 것이어야 한다.

현대사회의 정치 및 법률 시스템을 이론적으로 유지하기 위한 개념의 측면에서, 칸트Immanuel Kant는 모든 단일 법률과 제도를 준수하는 것이 위험하다고 했다. 왜냐하면 합리적인 존재로서의 우리는 우리 자신의 도덕 규칙을 공식화公式化, formulating할 수 있기 때문이다. 즉, 우리가 가진 자율성이라는 것이 이미 스스로 자신의 도덕적 규칙을 공식화한다는 것을 의미한다. 우리가 우리만의 도덕적 자율성을 생각하고 발전시키고 채택하지 않는다면, 항상 쉽게 조종당할 것이고 더 나은 미래를 향한 길로 나아가지 못할 것이다.

하지만 자신의 도덕적 규칙을 스스로 공식화하는 것은 그렇게 쉬운 일이 아니다. 이미 존재하는 규칙 시스템을 거부하는 데는 에너지가 필요할 뿐만 아니라, 특히 그러한 거부 행위가 잠재적으로는 우리 자신과 다른 인간에게 해를 끼칠 수도 있기 때문이다. 일부 제도를 거부하여 다른 제도를 개선하는 작업, 과거를 인정하면서도 부분적으로 거부하여 미래를 창안하는 작업은 불완전하고 어려우며, 동시에 완벽한 몰입과 합리성을 요구한다.

규칙을 위반하는 문제에 대한 해답을 찾는 것은, 창의성과 혁신이 초석인 현대사회에 있어 결정적인 도전이라 할 수 있다. 이 문제에 답하려면 자연 세계와 사회 세계의 아름다움과 복합성을 인정해야 하며, 서구 계몽주의의 의미뿐만 아니라 개인과 사회적 혜택 사이의 논리와 직관적인 평형^{균형} 개념도 합리적으로 장착해야 한다.

개인적인 차원에서 규칙 위반 문제에 답하려는 것은 현대의 자아에게 본질적인 도전이기도 하다. 상자 안에 있으면서 상자 밖에서 생각하는 유일한 방법은 상상하고 예측하는 능력을 이해하고 확장하는 것뿐이다. 그것은 우리 자신의 논리, 합리성 및 직관의 한계를 확장하는 것이기도 하다.

날마다 우리의 역사는 우리 자신의 취약성에 대해 가르쳐준다. 대규모 전쟁, 부패와 테러에 이르기까지 모든 것이 연결된 세계 사회는 경제 및 정치 권력의 이기심에 끊임없이 영향을 받고 있다. 그럼에도 불구하고, 우리는 항상 새로운 현실을 생각하고 창조하고 성취할 수 있어야 한다. 우리가 태어날 때부터 시작되는 복잡한 제도적 역설과 논리와 직관, 개인과 집단의 이익을 조화로운 현실로 조정해야 한다는 사실을 인식해야 한다. 이러한 도전을 받아들이면서, 현대의 생활을 규정하는 어려운 문제들에 대해 매일매일 나만의 답을 찾으며 살아가는 것이 우리의 나아갈 길이다.

불완전한 삶과 필연적인 죽음을 받아들이고,
더 큰 가치를 추구하는 인생에 관하여

삶의 의미

자신을 믿고 따른다는 것

하워드 모스코비츠 _ 하버드 대학에서 실험심리학으로
박사학위를 받은 심리학의 권위자

내가 여러분에게 가장 하고 싶은 말이 무엇일까.

당신은 이미 다른 사람들의 말을 많이 들으며 살아왔을 것이다. 그리고 다른 사람들이 당신에게 바라는 그 일을 하며 살아왔을 수도 있다. 우리가 다른 사람들이 바라는 일을 할 때, 특히 그것이 합리적이라고 생각될 때, 우리의 기분은 더할 나위 없이 좋아진다. 설령 우리가 하고 싶지 않은 일이었어도, 그것을 하는 게 옳다고 느끼고 아마도 자신보다 그들이 옳을 것이라 확신했을 것이다. 상상해보길 바란다. 그들은 당신에게 칭찬의 미소를 날릴 것이다. 당신은 마냥 좋아하는, 그저 군중 속의 한 사람이 될 뿐이다.

나는 여기에 앉아서 내가 다른 사람들이 바라는 것을 하며 살았을 당시를 떠올려본다. 솔직히 나는 그 기억이 싫다. 대개 다른 사

람들이 나에게 해주기를 바라는 것은 실제로 매우 옳고, 아주 정확하고, 심지어 나에게 유익하기까지 한 일이었고, 그때는 내가 다른 사람들의 지시를 따라야 마땅한 시기이기도 했다. 사람들은 그들이 원하는 일, 그들이 옳다고 믿는 일을 내가 잘해냈다고 칭찬했지만, 실상 내 기분은 그리 좋지만은 않았다. 이것은 특히 어린 시절부터 오랫동안 지속되었다. 이미 말했듯이, 많은 경우 나에게 일을 시키는 사람들의 판단은 매우 옳았으나 이상하게도 나에게는 행복하게 느껴지지 않았던 것이다. 이쯤에서 여러분은 나에게 이유를 물어보고 싶을 것이다. 그렇다면 나는…… 결국 내가 하고 싶은 일을 한 것이 아니기 때문이라고 답할 것이다. 나는 나다움을 포기했었다. 당시에는 깨닫지 못했지만 내가 나다움을 포기했을 때, 그들은 내 머리를 쓰다듬어주었다. 그러면 어린 나의 기분이 조금 나아지곤 했었다.

나는 그런 이유로 그들이 싫다. 하지만 그보다도 나는 그때의 내가 싫다. 어쩌면 그들이 옳았을 수도 있겠으나 어쨌거나 나는 그때, 나를 잃었었다. 그러고 나서 나는 그런 경험을 다시 만들지 않았고, 감사하게도 그 후로 더 이상 '군중을 따라가지' 않았다. 계속 그런 상태였다면 아마 지금쯤 기분이 무척이나 비참했을 것이다.

그때 나는 어떻게 나 자신을 잃어버렸을까? 내가 기억하는 구체적인 내용은 무엇일까? 솔직히 대답하자면, 아주 중요한 결정을 하라는 요청을 받았을 때, 나는 준비가 안 된 상태였다. 그때의 나는 대학에서 전공을 선택하는 기로에 서 있었다. 실험심리학 분야에

입문하기 몇 년 전이었는데, 부모님은 내가 정치학을 전공하거나 변호사가 되기를 원하셨고, 혹은 새로 부상하는 사이버네틱스 분야도 좋을 것이라고 권하셨다. 무엇보다도 부모님은 내가 인간의 '감정'에 중점을 둔 심리학은 하지 않기를 바라셨다. 그래서 우연히 심리학에 빠져들기 전까지, 나는 심리학이라는 학문을 의도적으로 피했다. 그러나 얼마 후, 나는 '감정'을 다루는 학문과 사랑에 빠지는 것을 피할 수 없었고, 결국 부모님께는 불효자가 되었다. 지금의 나를 보라. 55년이 지난 지금의 나는 그 어디에 내놓아도 자랑스러운 실험심리학자가 되었다!

하버드대학에서 특별 전공 분야를 선택해야 했을 때, 나는 또 한 번 나 자신을 잃을 뻔했다. 그때의 나는, 특히 대학원생들의 눈물을 쏙 빼게 만든다는 인정사정없는 스티븐스 교수를 두려워했다. 동료 대학원생들은 나에게 그의 잔혹한 손에 실패하고 말 테니 더 편한 교수를 찾아보라고 권하기까지 했다. 당시 실험심리학 분야의 유망주였던 조지 밀러가 "당신은 내면의 힘이 강해서 뭐든 잘해낼 거다. 스티븐스 교수님과 함께 할 수 있도록 하겠다."라고 말했을 때, 나는 정말이지 바로 줄행랑을 칠 뻔했다. 그러나 나는 꾹 참고 3년 3개월이라는 기록적인 시간을 보낸 뒤 하워드 모스코비츠 박사라는 타이틀을 가지고 하버드의 문을 나서게 되었다.

그때 만약 '타인의 지혜'를 듣고 따랐다면, 나는 순간적으로 행복했을지는 모르지만 내 인생을 놓쳤을 것이고, 인생에서 확실하게 중요한 것을 잃었을 것이다. 덕분에 나는 나의 진짜 '직업', 나의 소명을 찾을 수 있었다. 그것은 타인의 목소리가 아니었다. 내가 나에게 말하는 운명의 목소리였다. 나는 반세기 이상 지금의 길을 잘 걸어왔다.

사랑이 없으면 본업이 무의미하다

이 '마지막 강의'를 쓰면서 나는 실제로 죽음을 맞이하는 예행 연습을 하고 있다. 나는 유대인이다. 우리 민족에게 잘 알려진 교훈적인 구절 중에 "죽기 하루 전에 회개하라"라는 말이 있다. 이 의미는 모두가 짐작할 수 있듯이 죽음을 인지하는 순간, 선한 일을 하라는 것이다. 다시 말해 언제나 회개하며 살라는 뜻이다.

나는 여러분들이 소명을 따라 자신이 있어야 할 자리를 찾고 '할 일을 하라'고 이야기하고 있다. 그러나 이보다 한 걸음 더 나아가, 갈망하고 추구해야 하는 삶의 단계, 직업보다 훨씬 더 중요한 높은 차원이 있음을 이야기하려 한다.

그것은 '사랑'이다. 업적이나 행위가 아니라 감정이다. 당신이 들인 모든 노력의 시간들, 마감일을 맞추기 위해 가족과 떨어져 지낸 시간, 그러한 노력으로 일군 '성공'이 정말로 중요하다고 생각하는가. 어림도 없다. 그것들은 중요함과 관련이 없다. 당신이 죽음에 가까워지면 그것들을 모두 잊게 될 것이다. 아마도 다른 사람들은 당신이 들인 영웅적인 노력에도 불구하고 진작에 이미 잊었을 것이다.

삶의 열쇠는 사랑, 서로 사랑하는 것이다. 네 이웃을 네 몸과 같이 사랑하라. 남에게 대접을 받고자 하는 대로 남을 대접하라.

이 모든 것이 너무 순진하고 뻔하게 들리겠지만, 진정한 사랑, 그것은 감히 헤아릴 수 없는 비밀이다. 여러분에게 거듭 말하고 싶다. 서로 사랑하자.

내가 열다섯 살 때와 스무 살 때쯤 《교부들의 지혜The Wisdom of the Fathers》라는 책을 읽었다. 유대인들은 윤리에 관한 일련의 경전들을 가지고 있는데, 그중에서 《잠언》과 더불어 가장 중요한 책이 바로 이것이며, 아직까지도 널리 읽히며 사랑받는 책이다.

나는 이 책을 읽으며 매우 흥미로웠고, 공감의 감정을 느꼈다. 누구라도 나와 같지 않았을까? 그것은 내 심금을 울리는 진실한 이야기였고 진심 어린 감동이었다. 그러나 지금 와서 생각해보니, 진정한 감동은 아닐 수도 있었겠다는 생각이 든다. 왜냐하면 그때 내 나이는 한창 활력이 넘치고 감성이 풍부할 때였지, 인생을 충분히 살아본 나이는 아니었기에 아마도 지금처럼 책을 깊고 완전하게 이해하지는 못했을 것이다.

지금, 이 강의를 하면서 눈에 눈물이 고일 만큼 여러분에게 간절하게 외치고 싶은 말이 있다. 오직 한 가지 "네 이웃을 네 몸과 같이 사랑하라"라는 말이다. 이것은 신약 성경의 말씀이기도 하다.

이 역시 어리석게 느껴지고 진부한 표현이지만, 나는 여러분에게 서로 사랑하라는 것 외에는 달리 할 말이 없음을 고백한다.

모든 것의 끝이 가깝습니다. 그러므로 정신을 차리고 근신하여 기도하십시오.

무엇보다도 열심으로 서로 사랑할지니 사랑은 허다한 죄를 덮느니라.

불평하지 말고 서로 환대하십시오.

여기에서 한 가지 중요한 것이 있다. 나는 보통 '사랑'이라는 단어를 사용할 때 친절의 의미까지 포함한다. 다른 사람들에게 베푸는 친절함, 보상을 바라지 않는 친절함 말이다. 친절은 그대가 얼마나 깊고 심오하며 예의 있는가를 말해준다. 그것이면 된다. 성공이나 업적이 아니라 친절, 사랑, 품위, 예의 등의 간단한 단어들이 정말이지 내 마지막 강의에 안성맞춤인 단어들이라고 할 수 있다. 내 삶이 끝날 때 저세상까지 함께 데려가고 싶은, 그리고 다른 사람들이 나를 생각할 때 사용했으면 하는 표현들이다. "그는 지적이었어, 사회적인 영향력도 있었고, 부자였고⋯⋯" 등등의 표현들이 아니라 그는 "참 친절했어, 사람이 참 좋았고, 늘 예의가 있었지⋯⋯" 바로 이런 것들이 나를 묘사하는 말들이길 간절히 바란다.

그게 다야?

마지막 강의를 쓰면서 나는 이 일이 얼마나 엄중한 일인지 새삼 깨달았다. 수년 동안 매일매일이 내겐 새로운 것, 고통, 기억, 승리,

그 모든 것의 가마솥이었다. 하루하루 내일이 있다는 생각으로 버텨왔고, 오늘의 노력 때문에 내일이 있는 거라고 생각했다.

그렇다, 내일에 대한 희망은 강력하다. 그것은 우리가 무엇을 할 수 있는지에 대한 비전을 제공하며 오늘의 일을 열심히 하게 만드는 원동력이 된다. 그러나 그 내일이 오지 않을 때, 바로 지금 이 순간이 마지막이라면 과연 무엇을 어떻게 해야 할까? 나는 눈물이 고여도 그 눈물을 참으며 내가 할 수 있는 말만 하겠다. "서로 사랑하라. 사랑 외에는 아무것도 없다"라고.

강의를 마친다. 여러분은 혹시 나에게 실망하였는가? 누군가의 삶의 지혜를 들을 수 있었던 이 마지막 강의에서 여러분은 무엇을 얻었는가? 아마도 진부한 답들을 얻었을 것이다. 소명을 찾으라. 사랑을 표현하라. 당신의 마음이 시키는 대로 따르라. 이 단순하고 진부한 표현들 속에 진짜가 있는 것이다. 이것만 새겨두면 당신은 절대로 잘못되지 않을 것이다.

12강

불완전함이 곧, 완전함이다

브루스 커클릭_ 펜실베이니아대학에서 최고의 교육자로
평가받고 있는 역사학자

인생이라는 영화는 연출하기가 참 만만치 않으며, 해피엔딩을 만들어내기도 쉽지 않다. 어떻게 살 것인가를 연기하기도 어려우며, 완벽한 각본을 쓰는 것도 불가능하다. 우리 모두는 의식적이든 무의식적이든 나름의 도덕적인 지도map를 가지고 인생의 중요한 선택을 한다. 그 지도에는 마치 미합중국 헌법 이상의 지혜와 수준 높은 원칙으로 가득한 대단한 기준이 있는 것 같지만, 자세히 들여다보면 그리 일관되거나 완전하지 않다는 것을 알 수 있다. 심지어 그 지도를 사용할 때 약간의 편법을 써야 할 때도 있다. 하나의 좋은 생각이 다른 생각과 충돌할 때, 다수에 의해 개인이 상처를 입을 때, 그럴 때 당신은 자신과 타협하여 상황을 받아들일지 아니면 집단에 맞서 행동할지 생각해본 적이 있을 것이다. 우리의 삶이 흘러가는 길

에는 예상치 못한 실수와 오류, 시행착오와 실패가 허다하다.

우리는 살면서 모든 갈등 상황을 다 회피할 수 없고, 갈등을 따라가다 잘못된 방향으로 접어들기도 한다. 그러니 유비무환이라고, 그런 상황에서 일어날 수 있는 문제들에 대해 경고 혹은 도움이 될 만한 경험 법칙경험에 의하여 터득한 원칙을 알려주고 싶다. 갈등은 우리의 삶에서 빈번하게 일어날 수 있는 현상이며 우리가 어떻게 반응하는가에 따라 불가피한 고통을 지연시키거나 최소화할 수 있다는 점을 기억하라. 누구에게나 100% 적용된다거나 성공한다고 확신할 수는 없지만, 이 점을 반드시 기억하는 편이 좋다.

나는 교사들을 가르치는 교사였고, 그들에게 자신의 개인적인 삶을 우선시하라는 말을 자주 했다. 하지만 내가 틀렸던 걸까. 언젠가, 새 남편을 만나 4명의 의붓자녀가 생긴 젊은 동료에게 같은 조언을 건넨 적이 있었다. 내 조언을 받아들인 그녀는 갑자기 근무시간을 소홀히 하고 종종 회의에 나타나지 않았으며 강의에 집중하지 않고 강의 시간을 최소화하기 시작했다. 나는 그런 그녀를 보고 매우 분노했다. 직장에서는 개인에게 책임을 다할 것을 요구하는 것이 합당하며, 개인의 사적인 생활 문제가 우선시되어서는 안 된다고 생각한다. 이 두 가지의 영역을 현명하게 조율하는 기술이 필요하다. 배우자나 자녀를 소홀히 하지도 말고, 그렇다고 필요 이상으로 대하지도 말아야 한다. 결국 나의 이전 조언에는 심각한 결함이 있었고, 회사와 가정 두 영역이 평행 시소처럼 팽팽한 긴장으로 맞서게 되었다. 이렇듯 누군가의 해결책이 틀릴 때도 있다. 한 영역이 다른 한 영역보다 더 중요해지는 순간도 생기는 법이다. 그것이 인생이다.

우리는 종종 정치인들만 중차대하고 어려운 결정들을 다룬다고 생각한다. 그러나 실은 일상생활에서 부모가 자녀를 생각하며 결정하는 판단들이 더 중요하고 섬세하며 어려울 때가 많다. 이 과정에서 우리는 종종 실수도 하고, 저명한 교육서나 교육 이론이 실제 육아에는 통하지 않을 때도 있다는 것을 실감하게 된다. 때로는 아이에게 절대적인 금지NO!가 긍정적인 결과를 가져오기도 하지만, 그렇지 않을 때도 있다. 때로는 행동을 바꾸라는 점진적인 압력대개 10대 청소년들에게이 효과적이지만, 그렇지 않을 때도 있다. 많은 것이 아이들의 성향과 우리가 처한 환경에 따라 다르며, 일반화하여 적용하는 것은 거의 불가능하다. 예를 들어, '부모는 자녀의 삶에 깊이 개입해야 한다'라고 하면, 동의하겠는가 반대하겠는가. 육아라는 사명의 최종 목적이자 핵심은 아이들 스스로 날개짓을 해서 날아가게 만드는 것이다. 어느 시점에서는, 그들의 삶에 깊이 들어가는 것이 그들을 화나게 할 수도 있고, 성장을 저해할 수도 있으며, 역효과를 불러일으킬 수도 있다.

큰아들이 사춘기에 접어들었을 때, 우리 부부는 2년 동안 아들과 줄다리기를 하느라 무척이나 힘들었다. 틈만 나면 아내와 나, 아들은 격렬한 논쟁을 벌였으며, 논쟁의 끝은 고함을 지르거나 문을 쾅 닫고 들어가거나 분노의 언어들을 쏟아내거나 아이의 교우관계나 여가활동, 학교생활을 더욱 강압적으로 통제하는 것이 되곤 했다.

그래도 아이에게만큼은 내 자존심을 접고 계속해서 사과하는 일이 상처가 되지 않았다. 나는 계단을 걸어올라 집 꼭대기 층에 있는 아들의 방을 찾아가서, 아이의 침대에 앉아 얼마나 많이 미안하다고 말했는지 모른다. 아들과 나의 생각의 차이가 어떻든 간에, 우리는 한 집 안에서 함께 사는 법을 배워야 했으며 아내와 나는 아이를 끝까지 키울 책임이 있음을 매 순간 인정해야 했다. 이 과정을 좀 더 쉽게 만들려면 나는 어떻게 해야 했을까? 돌이켜보면 부자 관계의 상호작용이 내 인생에서 가장 어려운 숙제가 아니었을까 싶다. 아들과의 불화는 나의 괴로움이었고, 때때로 나는 집 안의 소란에 격정적으로 화를 냈다. 이 부분은 10대들도 알아야 한다고 생각한다. 당황스럽고 힘든 순간에도 부모는 자녀와 가족들에 대한 걱정을 놓을 수 없다는 사실을. 부모의 마음에 화가 치밀어 오를 때 때로는 그것을 드러내는 것이 진심을 전하고 자녀들에게 감동을 주며 팽팽했던 신경전에서 서로의 열기를 식혀준다는 사실을. 물론 언제나 긍정적으로 작용했던 것만은 아니다! 때때로 아이의 방까지 계단을 오르내리는 내 노력이 허망하고 쓸쓸할 때도 많았다.

자녀 양육 전문가들은 자녀를 한쪽으로 밀어붙여서는 안 되며, 자녀가 스스로 자신의 길을 찾고 열정을 가지고 사랑하는 일을 할 수 있도록 도와야 한다고 말한다. 나는 이 조언에 대해서 내가 직접 경험하기 전까지는 이해하지 못했다. 내 둘째 아들은, 자기의 친구들이 부모의 지원을 받아 탄탄대로의 밝은 미래가 보장된 반면, 자신은 무엇을 하며 어떻게 살아야 할지 전혀 모르겠다고 우리에게 불평한 적이 있었다. 나는 "너의 별을 따르라"고 말했다. 아들은 대답했다. "아빠, 나에게는 별이 없어요."

우리 집의 다소 엄격한 집안 분위기는 그 아이의 자유를 제한했을 테고, 아이는 처음부터 별을 보거나 느끼지 못했을 가능성이 크다. 그러나 내 아들의 이야기에는 핵심적인 한 방이 있다. 대부분의 경우, 청소년에게는 그들을 인도하는 지침과 때로는 영웅도 필요하다는 사실이다.

그렇다고 "부모의 독재와 자유방임 사이에서, 자녀와 행복할 수 있는 중간 지점을 찾으십시오"라고 무책임하게 말하고 싶지는 않다. 그것은 말만 그럴싸할 뿐, 어쩌면 더 복잡해질 수도 있고 모든 사람들에게 획일적으로 적용하기 어려우며 중간 지점이라고 해서 다 좋은 결과를 가져오는 것은 아니라고 생각하기 때문이다. 부모는 아이들과 대화를 자주 하고, 때때로 본인들도 실수를 할 수밖에 없음을 알려야 한다. 그렇게 실패는 삶 속에서, 관계 속에서 누구에게나 일어나는 일이다.

다소 논쟁의 여지가 있는 주장이기도 한데, 많은 전문가들이 친구, 가족, 사업상의 지인들을 대할 때 무조건 정직하고 개방적이어야 한다고 말한다. 정직이 최선의 정책이라는 말이 있듯이, 이는 누구도 이의를 제기할 수 없는 옳은 말이다. 대인관계에서 쉽지 않은 일이긴 하지만, 정기적으로 상대와 마주 앉아 마음과 마음을 열고 솔직한 대화를 나누는 것이 중요하다. 혹시 아내, 자녀, 동료와 서로 꺼리고 있으면서 아직 말하지 못한 것이 있다면, 용기를 내어 꺼내 놓고 함께 머리를 맞대고 논의하기를 권한다. 말하는 것은 말하지 않는 것보다 훨씬 낫다. 불편한 문제에 대해서 오랫동안 이야기하지 않는 것은 친구 관계에서 부부 관계에서 사회생활에서 단절과 파탄을 불러오고, 사랑하는 사람과의 연결을 파괴하는 일이 된다. 물론 항상 그런 것만은 아니다. 어떤 시점의 어떤 것들은, 때로 말하지 않는 것이 약이 될 때도 있다. 인생에는 한 발 내밀어야 할 때가 있고 물러서야 할 때도 있는 법이니까.

그러면 물러서야 할 때와 나아가야 할 때를 어떻게 알 수 있을까? 애초에 말을 꺼내지 말라는 걸까? 우리는 정확히 알 수 없다. 어쩔 수 없이 좌충우돌 실수를 하게 되고, 소통하는 과정에서 오히려 상황이 악화되기도 한다. 아니면 대화를 하지 않아 일이 꼬이기도 한다. 하지만 마주 앉아서 대화를 나누게 되면, 설사 나쁜 것들이 끝까지 해결되지 않는다 하더라도, 전반적으로 상황을 훨씬 좋게 만들 수 있다. 극단적으로, 침묵이냐 대화냐 선택해야 한다면, 우리는 기꺼이 대화하는 쪽으로 표를 던져야 한다.

우리는 불행에서 벗어난 삶을 살 수는 없지만, 발생한 문제의 최악의 결과는 피할 수 있다고 생각한다. 가다 보면 때때로 길을 잃기도 할 것이다. 인간의 번영과 겸허한 평정심을 위한 가장 좋은 기회는 불완전함을 받아들이는 데서 온다. 철학자 윌리엄 제임스William James가 말했듯이, "잔을 부어도 찌꺼기는 영원히 남는다." 우리의 불완전함이 완전함이다.

사랑을 실천하기, 죽음을 연습하기

대니얼 고틀립_ 가족문제 치료 전문가이자 세계적인 심리학자

이것은 호흡에 관한 이야기이다. 세상 모든 것은 호흡이다.

유대-기독교 성경에서, 하나님이 천지를 창조할 때 가장 마지막으로 한 일이 아담에게 호흡을 불어넣은 것이었다. 우리는 자연에서 산소를 공급받고, 숨을 들이쉴 때마다 몸 전체에 영양분이 공급된다. 우리가 숨을 내쉴 때마다 우리의 생명은 '만료expire'가 된다.

나는 어머니가 사망 선고를 받고 나서 한 시간쯤 뒤에 병원에 도착했다. 아버지는 조용히 울고 있는 형과 함께 대기실에 계셨다. 간호사에게 어머니를 뵐 수 있냐고 묻자 간이침대에 누워 평화로워 보이는, 그러나 생명이 없는 어머니가 계신 곳으로 나를 안내해주었다. 나는 어머니 옆에 몇 분 동안 앉아서 가만히 우리가 함께했던 시간들을 회상했다. 그러면서도 어머니의 배 부근을 쳐다보는 것을

멈출 수 없었다. 나는 어머니가 돌아가신 것을 알았지만, 막상 배가 움직이지 않고 호흡이 멎었다는 사실이 도무지 믿기지 않았다!

그렇다, 이제 내게 남은 호흡도 그리 많지가 않다.

이 말을 하면, 저절로 눈물이 고인다. 내 인생과 내가 사랑한 모든 사람, 그리고 세상 모든 것과의 연결이 끊긴다는 슬픔의 눈물이자, 동시에 인생이라는 멋진 모험을 하게 된 것에 대한 감사의 눈물이다.

이상하게 들리겠지만, 그동안 나는 죽는 연습을 많이 해왔다는 점에도 감사한다. 나는 40년 동안 그 순간을 준비해왔다고 해도 과언이 아니지만, 막상 그것이 언제 어떻게 일어날지 모르고 살았다.

1969년 12월 20일, 나는 뜻밖의 교통사고를 당해 팔의 움직임이 제한되고 손이 아무런 기능을 할 수 없으며 하반신이 마비된 상태가 되었다. 당시 나와 같은 환자의 기대 수명은 14년이었다. 첫 치료로 내성 감염이 생겼을 때, 나는 격리된 방에 누워서 내 병이 과연 어떻게 끝날 것인지 궁금했다. 이어서 패혈증에 걸렸을 때, 나는 삶과 죽음의 경계인 사선에 오롯이 서 있는 것만 같았다. 그때는 내 인생이 어떻게 끝날 것인지 대충 알 것도 같았다. 그리고 휠체어에서 떨어져 뇌출혈이 생겼을 때, 나와 가족들은 '결국 이렇게 끝나는구나'라고 생각하며 체념했다. 내가 태어난 병원에서 내가 죽는다는 사실이 아이러니하고도 처연하게 느껴졌다. 다시 5년 전으로 되돌아가, 나는 내 기대 수명이 6년 밖에 안 남았다는 의사의 말을 들었다. 그래 이번에는 그들의 말이 맞겠지! 내 인생이 어떻게 끝날지 이제는 확실히 알 것 같다. 나는 적어도 더 이상 그것에 대해 걱정하거나 두려워하지 않았다!

사실 지금의 이 받아들이는 마음이 바로 생겨난 것은 아니다. 수년 동안 나는 내 존재와 삶을 혐오스러워했고, 나 자신을 무척이나 쓸모없고 무가치한 존재로 여겼으며, 사랑하는 사람들에게 부담스러운 짐이 될 뿐이라고 생각했다. 살아갈 자격이 있다고 생각하지 않았고, 더 살고 싶지도 않았다.

나는 자기 연민과 혐오와 수치심에 시달렸으며, 내 삶이 그저 싫은 정도가 아니라 처음 몇 년간 나를 계속 병원에 갇혀 있게 했던 마비된 몸에 진저리가 났다. 사실 나는, 사고 이전의 내 삶에 대해서도 그다지 감흥이 없었다.

그런 나에게 몇 년 전, 간호사와 함께 태평양연안고속도로를 여행할 일이 있었다. 나는 그만 바지에 실수를 하고 말았다. 너무 부끄러워 어딘가에 숨고 싶던 차에, 간호사는 빨리 주차장에 차를 세우고 나를 뒷좌석 의자에 앉힌 뒤 새 바지로 갈아입혔다. 사지 마비 환자는 스스로 장이나 방광을 조절할 수 없어 이런 일이 종종 일어난다. 간호사는 내가 통제할 수 없기 때문에 부끄러워해서는 안 된다고 안심시켰지만, 내 안의 수치심은 어쩔 수 없었다. 나는 몹시 부끄러웠다.

본격적으로 수치심에 관한 이야기를 해보려고 한다. 우리는 우리가 통제할 수 없는 많은 것들에 대해 수치심을 느낀다. 예를 들어, 나는 초등학생 때까지 무척이나 가난한 학생이었다. 그 당시에는 학습장애라는 개념이 희박하다 보니, 그저 게으르거나 명랑하지 않은 학생으로 간주되었던 것 같다. 나는 학교 생활에서의 실패가 부끄러웠고, 나 자신을 보호하기 위해 친구들에게 내 성적을 거짓으로 말했다. 아무도 믿어주지 않는 눈치였지만……

내가 7학년 때 스카우트의 리더였던 선생님을 나는 우상처럼 좋아하고 신뢰했다. 그의 인정과 승인을 받기 위해서 어디든지 따라다녔다. 사실 그는 내게 심리학을 처음 소개해준 사람이고, 내가 꽤 잘할 거라는 말도 해주었다. 그가 특별 리더십 동아리에 나를 초대했을 때, 나는 숨이 멎을 듯 기뻤다. 첫 미팅은 그의 집에서 둘만의 만남으로 시작됐는데, 몇 분 후 나는 그의 침대 위에 벌거벗겨진 채 누워 큰 혼란과 두려움을 느끼고 있었다. 성추행을 당한 여타의 많은 사람들처럼, 나는 너무 부끄러워서 아무에게도 말하지 못했다. 내가 통제할 수 없는 일이었는데도 말할 수 없이 수치스러웠다.

그 수치심 때문에 나는 애써 나 자신에 대해 생각하려 하지 않았다. 내가 잘못해서 생긴 일이고, 누군가 이 비밀을 알면 더 이상 나와 친구가 되지 않을 거라고 확신했다.

그 사건 이후, 나는 나에 대해 가치가 없다고 느끼게 되었고, 매일 밤 눈을 감고 아침에 깨어나지 않기를 기도하곤 했다.

교통사고 이후의 어느 날 밤, 정맥주사관을 통해 항생제가 몸 안으로 들어오고 머리와 목을 움직이지 못하게 하는 기괴한 장치를 한 채 중환자실에 홀로 누워 있는 나에게, 어느 간호사가 찾아왔다. 그녀는 내가 심리학자라는 것을 알고는, 나와 이야기를 나누고 싶다고 했다. 그녀는 자신에게 일어난 일에 대한 상실감과 슬픔과 수치심을 조목조목 이야기했다. 그녀는 내가 느끼는 나의 무가치함이나 망가진 몸에 대해서는 전혀 관심이 없었다. 단지 그녀의 말을 귀 기울여 들어줄 수 있는 사람과 함께하고 싶었다고 했다. 그때 나는 처음으로, 내 몸에 관심을 두지 않았다. 오로지 그녀의 이야기에만 관심이 갔다. 대화가 끝나고 나서 그녀는 들어줘서 고맙다고 했고, 나는 다른 상담사를 연결해주었다. 나는 천천히 눈을 감고서 "그래, 이걸로 살 수 있어"라고 나지막이 홀로 되뇌었다. 그 간호사는 나에게 무엇인가를 물어봄으로써, 내게 다른 사람들을 도울 수 있는 능력이 남아 있다는 것을 깨닫게 해주었다. 다른 사람을 도울 수 있다는 것은 삶의 큰 의미가 된다. 그 간호사 덕분에 나는 나의 마음과 정신을 사용해 여전히 다른 사람들을 도울 수 있다는 놀라운 사실을 깨닫게 되었다.

이때부터 내 인생은 극적으로 바뀌기 시작했다. 나는 내가 인간의 고통에 대해 더 잘 이해할 수 있음을 발견했고, 마음이 상한 사람들을 만날수록 내 감정은 사랑으로 바뀌어 갔다. 그리고 더 많이 사랑할수록 더 쉽게 사랑할 수 있었다.

명상과 기도의 신경과학을 연구하면서, 우리의 생각과 감정의 대부분이 '습관'에 불과하다는 것을 알게 되었다. 동일한 자극에 동일한 방식으로 반응하면 뇌에 신경 경로가 생성된다. 그것이 습관이다. 그러니 우리는 연습을 통해 얼마든지 바람직한 새로운 습관, 새로운 경로를 만들 수 있다는 결론을 얻을 수 있다. 냉소, 자기 연민, 심지어 수치심까지 모두 습관적인 반응들이다. 그리고 사랑, 감사, 기쁨도 습관적인 반응들이다. 그래서 더 많이 사랑할수록, 습관처럼 더 쉽게 사랑할 수 있는 것이다.

수년 동안, 나는 그 소아성애 선생에 대해 분노하며 살아왔다. 나는 어른이 되어서도 그 옛날 그 방에 들어가 그 남자를 해치고, 심지어 죽이는 환상을 품곤 했다. 그러던 어느 날, 나는 그 방으로 걸어 들어가 침대 위에 누워 혼란과 겁에 질려 떨고 있는 외롭고 불쌍한 한 소년의 환상을 보았다. 조용히 침대 위에서 울고 있는 소년을 힘껏 안아주었다. 소년이 안전하고 사랑받는다고 느낄 때까지. 나는 그 소년이 오랫동안 홀로 버려져 있었다는 사실을 깨달았다. 학업에 실패한 소년, 먼 훗날 사지 마비가 찾아올 그 소년을 생각하며, 수치심과 외로움을 겪었던 모든 과정들에 대해 크나큰 슬픔과 연민을 느꼈다.

고통받는 사람들에게 우리는 얼마나 많이 등을 돌렸는가? 절실한 이해와 사랑이 필요할 때, 우리는 얼마나 자주 따뜻한 마음을 외면하는가?

나는 내 인생에서 부정하고 싶은 모든 부분들에 대해 큰 연민과 관심을 갖게 되있다. 너무 외로웠던 과거의 나날들, 그리고 소중한 마지막 숨을 내쉬고 있는 오늘의 나에게 하염없는 연민과 사랑을 보낸다. 숨이 붙어 있는 한, 나 자신과 남을 사랑하기를, 우리 모두가 함께 건강하고 행복하기를, 두려움 없이 사랑하기를……

온전한 집중

다니엘 윌-해리스_ 뉴욕 현대미술관이 극찬한 디자이너 겸 크리에이터

오늘이 내 인생의 마지막 날이라고 상상할 필요가 있을까. 상상하기 싫지만, 그래도 여러분과 함께 상상해볼까 한다. 그렇다면 잠시 주목해주시길.

나는 죽는다는 것이 어떤 것인지 알 것 같다. 15년 전에 나는 많이 아팠고, 출혈이 극심했다. 아무것도 먹고 싶지 않았다. 나의 세계는 점점 작아져서 나의 동네, 나의 집, 나의 방이 전부였다. 그러고 나서는 기절할 정도의 고통 없이는 일어날 수 없었던 나의 침대가 세상의 전부가 되었다.

그 당시, 내가 할 수 있는 건 누워 있는 것뿐이었기에 골똘히 생각할 시간이 많았다. 침대에서 일어나게 된다면 나는 무엇을 할까? 쇼핑을 하고, 레스토랑에 가고, 영화도 보고 싶었다. 그게 다였다.

나는 원래 창의적인 사람이었지만, 그때는 일어나서 글을 쓰거나 디자인을 하거나 무언가를 만들고 싶다는 생각이 전혀 들지 않았다는 사실에 스스로도 놀라울 뿐이다.

내가 생각해온 '나'라는 사람은 멀리 가버린 것만 같았다. 내가 하고 싶었던 일들은 아주 초라하고 겸손한 일들, 단순한 즐거움을 경험하는 것들이었다. 보고, 듣고, 맛보고, 냄새를 맡고, 주변 세상을 만지는 것, 그게 다였다.

이후 나는 회복했다. 그리고 그 과정에서 이전에는 느끼지 못했던 방식으로 모든 단순한 것들을 감사하게 여길 줄 알게 되었다. 나는 여전히 글을 쓰고 창작을 하고 싶어 하는 사람이지만실제로 글을 쓰고 창작을 하지만 무엇보다도 멍 때리고 앉아서 구름을 보고, 새 소리를 듣고, 산들바람을 느끼고, 나무 냄새를 맡고, 아침 식사를 맛보는 것이 가장 행복하다. 행복이란 아주 가까이에, 작고 쉬운 것들에 깃들어 있다.

요즘은 죽음에 대해서 자주 생각하지는 않는다. 지나치게 감성적으로 될까 봐서이다. 그러나 가끔 배가 몹시 쓰리고 아플 때, 나는 죽음과 고통에 대한 생각을 떨치기 위해 나의 온 감각과 감정을 일깨워 현재를 느껴보려고 노력한다. 나는 지금 무엇을 보고, 듣고, 냄새 맡고, 맛보고, 만지고 있는 것인가? 나는 어떤 느낌을 받고 있는가? 기쁜 것일까, 슬픈 것일까, 화가 나는 것일까, 즐거운 것일까……

그렇다. 나는 인간이다. 그래서 종종 인생의 변화무쌍한 속성을 잊기도 한다. 삶이 버겁다고 느껴질 때는 감정이 차단되기 쉽다. 일상이 항상 그렇게 아름다운 것만은 아니며, 소리가 너무 크거나 고통스러울 때도 있고, 냄새가 나쁠 수도 있으며, 입에서 쓴맛이 올라올 때도 있다. 이럴 때는 모든 것이 괴로움이자 고통이다.

고통은 보편적이며, 모두에게 찾아오는 것이다. 그래도 나는 슬프거나 두려워하지 않고 화내지 않으려고 노력한다. 처음 상담사를 만났을 때, 나는 "내 감정을 온전히 느끼되 좋은 감정만 느끼고 싶습니다"라고 말했다. 돌아온 대답은 "그런 것은 없습니다"였다.

그래서 나는 대부분의 사람들처럼 생각을 다른 곳으로 돌리며, 감정의 '볼륨 낮추기'를 하기로 했다. 이것을 위해 내가 쓰는 한 가지 도구가 바로 스마트폰이다.

스마트폰은 마법의 세계로 빠지는 문과 같아서, 정신적으로 이 세상을 떠날 수 있게 해주며 때로는 여기가 어디인지, 무엇을 느끼고 있는지를 아예 잊게 해준다. 우리에게 더 아름답고 흥미로운 또 다른 세상을 보여주기도 한다. 가장 중요한 점은, 잠시 우리 자신의 삶을 잊을 수 있게 해준다는 것이다.

그렇다, 괜찮다. 잠시 동안은 괜찮다. 문제는 우리가 점점 더 자주 스마트폰의 블랙홀에 빠진다는 사실이다. 수만 명의 사람들로 북적이는 뉴욕의 그랜드 센트럴 역 같은 공공장소에 있을 때도, 일단 스마트폰에 빨려 들어가기 시작하면 나를 둘러싼 모든 사람들이 한순간에 사라지는 마술이 펼쳐진다.

물론 나는 곧 다시 나타난다. 제정신이 들어 내가 실제로 어디에 있는가 깨닫고 화들짝 놀라면서! 내 몸은 여기에 있지만, 내 정신은 다른 세계에 멀리 떨어져 있었음을 자각하면서 말이다. 우리 모두는 스마트폰을 사랑한다. 너무나 요상하고도 유용한 도구이지 않은가.

그러나 주의가 산만해지는 것은 위험하다. 우리 주변에 무엇이 있는지 우리가 무엇을 느끼는지 전혀 알지 못하게 되기 때문이다. 주위가 분산되는 것은 지루함을 떨치고 잠시 기분을 좋게 만들어주지만, 결국은 근본적으로 기분을 망치는 행위가 된다.

인간은 지루할 때, 무언가를 창조한다. 우리의 마음이 다른 방식으로 가득 차 있으면 우리의 정신은 창의성과 연결되지 않지만, 마음이 비어 있을 때는 문제를 해결하려 들고 이야기를 풀어나가게 된다. 그러니 설령 첨단 기술 문명이 우리를 방해할지라도, 우리는 삶의 모든 면을 경험하고 지루해할 수 있어야 한다.

예를 들자면, 나는 지금 내 구형 컴퓨터로 글을 타이핑하고 있다. 동시에 아침 식사로 과일 요거트 한 컵과 내가 좋아하는 어떤 것을 먹고 있는 중이다. 지금처럼 타이핑을 하고 글을 읽으면서, 동시에 먹을 때, 사실 나는 완전하게 혀끝의 맛을 느끼지 못한다. 잠시 컴퓨터 작업을 멈추고, 키보드에서 손을 떼고, 화면에서 시선을 돌려, 요거트 컵을 응시하며 천천히 한 입을 떠넣어 먹는다면, 그것은 다른 얘기가 된다.

와우! 갑자기 크림 요거트와 잘 익은 딸기가 환상적으로 결합되어 마치 내가 맛본 최고의 디저트인 듯 새로운 느낌을 선사한다! 단순히 먹는 일이 즐거운 경험으로 바뀌는 순간이다.

우리가 무언가를 먹을 때, 가장 최고의 맛있는 한 입이란 처음에 먹는 한 입, 그리고 마지막에 먹는 한 입이라는 사실을 알고 있는가? 처음 한 입은 음식의 맛이 어떨지 기대하며 먹기 때문이고, 마지막 한 입은 이것이 마지막 한 입이라는 사실을 알기 때문이라고 한다. 그 처음과 마지막 사이, 바로 그 시간이 우리가 집중해서 먹어야 할 시간이다. 당신을 되돌아보길 바란다. 식사를 할 때 당신의 관심은 다른 곳에 있고 그냥 먹는 행위만 하고 있는 것은 아닌지……

당신이 느끼지 못한다면 인생을 진정으로 즐길 수 없다

'마음챙김mindfulness, 대상에 주의를 집중해 있는 그대로를 관찰하는 것'은 주의를 기울인다는 의미의 단어이고, 주의를 기울인다는 것은 마음뿐만 아니라 몸 전체에 관한 것이다. 당신의 머릿속이 뭔가에 완전히 사로잡혀 있다면, 당신은 실제로 그것을 제대로 경험하고 있는 게 아니다.

우리가 동시에 여러 일을 하는 멀티태스킹multitasking에 능숙하다고 착각할지 모르지만, 사실은 무언가를 완전히 경험하는 유일한 방법은 대상 하나에 우리의 모든 관심을 집중하는 것이다.

여러분도 다음 식사 때부터 한번 시도해보기를 바란다. 음식을 보고, 어떤 형태와 색깔인지 두 눈으로 잘 살펴보고, 냄새를 직접 맡아보기를. 자, 입에 침이 고이는가? 진짜 배고파서 먹는 것인지, 아니면 그냥 먹을 때가 되어서 먹는 것인지 느낄 수 있다. 당신이 경험하고 있는 것에 온전히 주의를 기울이길 바란다.

스마트폰을 눈에 띄지 않게 숨겨라. 혹시 주머니에 있다면 소리와 진동을 꺼두어라. TV나 컴퓨터를 보지 말고, 책도 읽지 말고, 음악도 듣지 말고, 대화도 삼가는 경험을 시도해보기를 바란다.

할 수 있다면, 밖으로 나가길 강력하게 추천한다. 음식은 밖에서 맛이 다르게 느껴질 수 있다. 신선한 공기가 있고, 우리의 눈과 시야 사이에 더 많은 거리가 있을 수도 있다. 이제 한 번에 한 입씩 천천히 먹어보아라.

머릿속을 맴도는 이야기에 휩쓸려서 고작 몇 번 씹고 난 후에 집중력이 저하되는 걸 느낄 수 있을 것이다. 그게 정상이니, 자책하거나 실패라고 생각하지 말고 계속 연습하는 것이 필요하다.

한 입 한 입 먹을 때마다 마음이 점차 돌아다니기 시작하면, 더욱 음식에 집중하길 바란다. 다 먹을 때까지 노력을 기울이면 오래 걸리지 않을 것이다. 이 책을 잠시 내려놓고 시도해봐도 좋다. 식사 후에 돌아와서 계속 읽으면 된다.

벌써 돌아왔는가? 어땠는가?

이제 또 다른 방법을 소개하고 싶은데, 우선 타이머가 필요하다. 60초로 설정한 후 오로지 눈을 감고 듣기만 하면 된다. 생각이 아니라 소리에 집중하길 바란다. 시작.

어땠는가? 이전에는 듣지 못했는데 새롭게 듣게 된 것이 있는가?

그 현상이 흥미롭지 않은가!

좋다. 오늘이 나의 마지막 날일 수도 있으니 초콜릿 한 조각을 입에 넣어본다. 실은 내가 매일 먹는 것(하루에 적어도 한 번!)이다. 나는 초콜릿을 입에 넣고 서서히 녹도록 기다린다. 맛을 제대로 알 수 있고, 그 단내가 머리 전체를 채울 때까지.

그리고 나는 사랑하는 사람들에게 사랑한다고 말할 것이다. 너무 쉽고도 보람이 가득한 이 일을 왜 안 하겠는가. 직접 대면할 수도 있고 전화로 말할 수도 있으며 이메일이나 문자를 통해서도 말할 수 있다. 그들이 대답을 한다면 나는 하던 일을 멈추고, 그 말을 온몸으로 듣고, 온 마음으로 받아들일 것이다. 그들이 좋은 대답을 해준다면 더없이 좋을 것이다.

그리고 자기 전에 침대에서 1분 정도 시간을 내어 나의 몸, 전신에 집중할 것이다. 잠을 잘 수 있는 따뜻하고 아늑한 곳이 있음을 감사할 것이다. 나는 침대 위에 누군가와 함께 있다는 사실에 감사하거나, 아니면 혼자 편하게 누워 있다는 사실에 감사할 것이다. 나는 내 몸이나 머리에 혹시 문제가 있나 느껴볼 것이고, 제대로 작동한다면 나의 모든 부분(어쨌거나 건강한 부분이 건강하지 않은 부분보다 훨씬 많을 테니)에 대해 당연히 감사할 것이다.

가장 중요한 것으로, 나는 나 자신을 더욱 소중히 여길 것이다. 소홀하게 대했던 지난날의 잘못을 용서해 주고, 그래도 최선을 다해 살아왔던(결함도 많았지만) 스스로에 대해 더욱 감사하며 살 것이다.

마지막으로, 내가 깊은 잠에서 깨어날 수 있다면, 내가 했던 모든

삶의 의미

일에 감사할 것이고, 부활하여 살아 있다는 것이 어떤 느낌인지, 내가 나 된 것이 어떤 느낌인지를 생생하게 느껴볼 것이다. 그것이 당신이 이 세상에서 얻는 것, 즉 '경험'이라는 당신만을 위한 선물이다.

그러니 그대여, 깨어 있으라!

침묵에 관한 레슨

일레인 아론_ 민감성의 잠재 능력을 최초로 밝힌 임상심리학자

여러분에게 나의 생각을 전할 수 있다는 점을 무한한 영광으로 생각한다. 아무리 평범한 사람이어도, 누구에게나 배울 만한 가치 있는 것이 있다. 그런 의미에서 오늘 나는 여러분의 선생님이 되려고 한다. 여러분에게 무슨 말을 해주면 좋을까? 나는 내가 46년 동안을 훈련해온, 그리고 나이와 장소를 불문하고 인생의 지혜로운 선배들이 발견해온 '명상'을 소개하려고 한다. 우리가 더 깊이, 더 자주 자신의 내면으로 들어갈수록, 우리 자신을 포함한 주변의 모든 사람들과 자연 만물에게 더 많은 영양을 공급할 수 있게 된다.

정말 간단한 아이디어다. 인간이 행동하기 전에 반추하여 생각할 기회를 갖는다면, 그 행동은 더 현명해질 것이다. 서둘러야 할 것 같은 일도 상황을 미리 그려보거나 투영해보면, 우리의 행동은 더

효과적일 것이다. 나는 25년 넘게 매우 민감한 사람들Highly Sensitive Persons을 연구해왔기에 그런 특성을 가진 이들 중 약 20%의 특징을 다음과 같이 말할 수 있다. 그들은 생존 전략상100종 이상의 종에서 거의 같은 비율로 발견된다 자신들의 경험을 보다 깊이 처리하는 경향을 가지고 있고, 따라서 좋은 결정을 내릴 확률도 높다. 비단 이들뿐이겠는가. 누구나 시간을 갖고 마음을 가라앉히고 심사숙고하면 자신의 행동을 개선해나갈 수 있다.

물론 더 깊이 들어갈 수도 있다. 직장이나 학교에서 모두가 눈을 감고 앉아서 매일 10분씩 침묵하는 것만으로도, 구체적으로 나열하기는 어렵지만, 그것이 가져올 명백한 효과를 쉽게 상상할 수 있을 것이다. 많은 사람들이 묵묵히 기도하거나 명상하는 것을 매우 효과적이라고 말한다. 나에게는 내가 좋아하는 명상의 방법이 있다. 참고로 한국에서는 초월명상Transcendental Meditation이 가장 효과적인 것으로 알려져 있다고 들었다.

내가 명상에 얼마나 깊이 들어가는지는 그날 나의 외적인 삶이 얼마나 바쁘고 스트레스를 받았는가에 달려 있지만, 어떤 깊이든 일단 들어가기만 하면 마음이 맑아지는 것을 느끼며 더없이 '좋다'는 감정이 느껴진다. 명상의 상태를 숫자 1매우 깊음 에서 10얕음, 불안정한 감성이나 소음 등으로 초집중해야 하는 상황까지로 평가한다고 가정해보자. 명상을 한다면, 그냥 집에 있을 때는 이미 평화로운 상태이기 때문에 3에서 1로 가는 정도겠지만, 스트레스를 받을 때는 10에서 7 정도로 갈 것이다. 후자가 더 가치 있다고 볼 수 있다.

2시간 동안 활주로에 갇힌 뜨거운 비행기 안에서도, 갑자기 정차되고 정전이 된 만원 지하철 안에서도 나는 최선을 다해 명상을 한다. 시간이 흘러 주변 사람들이 불안해하거나 화를 내는 상황에 이르면, 내가 명상을 하는 것이 나 자신뿐만 아니라 주변 사람들을 침착하게 만드는 데도 도움이 된다는 것을 알게 된다.

몇 해 전, 침대에서 일어나자마자 집에 불이 난 것을 깨닫고 아기와 개를 데리고 구사일생으로 탈출한 적이 있다. 대부분의 소지품을 잃어버린 상황에 처한 나에게, 명상 선생님은 명상을 하라고 했다. 처음에는 너무나 두렵고 무서워서 수십 분 동안 울고만 있었다. 하지만 친구들이 나를 도우려고 모였을 때, 그들은 너무나 침착하게 대처하고 있는 내 모습에 무척이나 놀랐다고 했다. 아주 이상한 것 같지만, 나는 전혀 아무렇지도 않게 정말 잘 견디며 사태를 수습하고 있었다. 나는 그날 여러 번의 명상을 통해 매우 충격을 받을 수 있었던 상황에서 벗어나 마음이 점차 평온해지고 회복되어가는 것을 느낄 수 있었다.

모든 전통적인 신비주의자들은 내면의 침묵 속으로 들어가 가장 깊은 곳에서, 동일한 만족의 상태를 발견한다. 생각이나 감정, 또는 지각이 없는 세계. 그 상태를 '순수의식pure consciousness'이라고 부른다. 그때가 내면으로는 가장 크고 넓게 깨어 있는 순간이다. 혹자는 그것을 '빛나는 어둠'으로 경험한다. 그 경험을 한낱 뇌의 활성화 패턴그리고 매우 유용한 패턴으로 축소하는 이들도 있지만, 그것을 반복적으로 추구하는 사람들은 신, 알라, 브라만, 절대자 또는 존재의 근거와 같이 인간의 언어로는 설명할 수 없는 다양한 궁극적 존재와 연결된다.

마치 우주비행사들이 전 세계에서 다른 로켓을 타고 우주 공간에 도착하면, 각자 다른 우주선을 탔음에도 불구하고 똑같이 무중력을 경험하는 것과 같다고 할 수 있다. 우주비행사들 각자의 출신과 문화가 무엇이든, 그들은 무중력 상태라는 동일한 경험 속에 처해 있고, 각자가 어떻게 묘사하든 본질적으로 같은 상태에 있는 것이다. '순수의식'의 경우, 내면의 탐험가들서로 아주 다른 문화에서 왔으며, 많은 차이를 가진도 이와 비슷한 상태에 놓인다. 그것은 궁극점에 도달했다는 풍부한 감각과 함께 찾아오며 더 많은 미덕과 사랑, 더 나은 건강, 더 많은 행운으로 그들의 삶에 점점 더 큰 영향력을 발휘한다.

그렇다고 이 상태에 도달하기 위해 모두가 신비주의자가 될 필요는 없다. 몇 가지 형태의 명상은 특히 매일의 연습만으로도 우리를 매우 깊은 침묵의 상태로 인도할 수 있다. 그것은 자연스럽고도 쉬운, 당신이 타고난 것을 의미한다. 어쩌면 당신은 이전에 이것을 우연히 발견했을 수도 있다. 일단 명상 연습을 시작하면 이 깊은 침묵을, 몇 년이 아니라 며칠 또는 몇 주 안에 어느 정도 경험해야 한다. 매일의 연습자연 속에서의 시간, 요가, 기도, 집중, 명상이 당신을 그곳으로 데려가지 않는다면, 당신은당신이 이미 하고 있는 것을 유지하면서 연습 시간을 좀 더 늘리는 게 좋을 것이다.

이 깊은 내면의 침묵이 항상 생각 없이 일어나는 것은 아니다. 처음에 침묵은 생각의 배경으로만 뒤에 존재하다가 생각이 깊어질수록 나의 앞으로 옮겨오고, 비로소 시야에 들어와 중심이 된다. 예를 들어, TV나 영화를 그냥 틀어놓은 채 보지도 않고 다른 일을 하다가, 어느 순간 그 영화에 눈길을 주게 되고 그것이 점점 나의 의식 안으로 들어오는 걸 느끼다가 곧 그 장면에 집중하고 빠져들게 되는 현상과 유사하다.

바나나가 던져졌을 때의 "원숭이의 마음monkey mind 집중을 못 하는 마음을 뜻하기도 함"을 생각해 보라. 바나나는 원숭이의 마음을 요동치게 하지만, 잠시의 흥분이 지나고 난 뒤에는 더 없는 축복의 상태가 찾아온다. 마음은 하루의 스트레스를 벗어던질 수 있는 그 깊은 상태를 사랑한다. 그런 이유로, 나는 거의 반세기 동안 적어도 하루에 두 번씩 명상을 하는 데 전혀 어려움을 못 느꼈다.

마지막으로, 내면의 고요함을 발전시키면서 하루에도 여러 번 내면에 주의를 기울일 수 있다. 당신이 어디에 있든 내면의 평화를 찾고 즐기는 것은 놀라울 정도로 쉽다. 그것은 텅 빈 상태와 같으므로 당신이 하고 있는 일을 방해하지도 않으며, 뭔가에 취한 것 같기도 하다특정 물질로 인한 것은 아니지만. 당신이 하고 있는 일을 객관적으로 목격하고 있는 것 같은 느낌마저 든다. 당신은 별다르다고 느끼지 못할 수도 있지만, 당신의 뇌는 전반적으로 다르게 느낄 수 있다.

나는 이러한 자각의 빈도가 증가함에 따라, 평정심과 행복감이 엄청나게 증가한다는 것을 발견했다경험한 많은 사람들도 그렇게 말한다. 삶에 대한 이 만족감은 완벽하다고 볼 수 없다. 그래도 삶을 더 만족시키는 무언가가 되어준다.

믿을 만한 과학자들이 실험 결과로 말하길, 이 영향은 특히 그룹으로 명상할 때 주변으로, 미래로 점점 더 확장된다고 한다. 예를 들어, 범죄율과 무력 충돌도 줄이는 것으로 나타났다. 충분한 사람들이 함께 모여 자신들의 유용한 목적을 위해 이 내면의 침묵을 활용한다면, 세계는 여러 갈등의 열기에서 벗어나 모두 함께 승리할 수 있는 해결책을 찾아낼 수 있을 것이다.

내가 이 마지막 강의를 쓴 이유는 대다수의 사람들이 내면의 침묵에 대해 잘 모르고 그것을 일상생활과 통합할 가능성에 대해서 잘 알지 못하기 때문이다. 이것은 불행하게도 인간의 놀라운 능력에 대한 기본 지식이 매우 부족해서인 것 같다. 예를 들어, 대부분의 인간이 수영을 배울 수 있다는 사실을 여러분이 모르고 있다고 상상해 보라. 너무나 이상하고 어리석지 않은가? 이 마지막 강의를 통해, 내가 여러분이 깨닫지 못한 부분을 조금이나마 어루만지고 일깨워주었기를 바란다.

지나간 건 지나간 대로 가치가 있다

엘라 프랜시스 샌더스_ 뉴욕타임스 베스트셀러
'마음도 번역이 되나요'의 작가이자 일러스트레이터

나는 여러분에게 새벽에 일어나라고 권하고 싶다. 세상의 절반이
잠들어 있는 그 순간에 젖은 풀밭을 걷는 기분이 어떤 것인지 알아
야 한다. 시끄러운 사람들의 소음이 없을 때 거리를 걷는 기분이 어
떤 것인지도. 태양이 서서히 발을 떼고 눈을 뜨면서 만물의 작은 부
분들이 점차 눈에 띄고 확장되는 순간, 사물이 당신을 또렷이 바라
보고 있기에 당신도 그들에게 눈을 맞추게 되고 모든 일상과 평범한
것들조차 기적이라 불리기를 기다리는 바로 그때가 이른 새벽이다.
하루가 끝나 석양이 질 무렵에도 밤을 듣는 것이 어떤 느낌인지, 덜
익은 어둠의 냄새가 어떤 것인지도 계속 탐구해야 한다. 아마도 당
신은 어둠 속에 있는 자신의 내면을 만나본 적이 없을 것이다. 한번
해보면, 우리는 주로 밤에 우리 내면의 가장 어두운 부분을 만날 수

있고, 우리 안에 환하게 빛나는 달콤한 부분들이 있다는 걸 깨닫게 된다.

우리는 자신을 정리하는 데 많은 시간을 보내며, 우리의 마음을 과거, 현재, 미래로 분류하여 자리를 정한 뒤 먼지가 쌓이지 않도록 노력한다. 자신의 인성을 길들이고 모난 부분도 매끄럽게 만들어, 보다 나은 사람이 되려고 애쓴다. 그러나 우리는 청결과 질서의 측면에서 우리가 흡입하는 원자보다도 더 불완전하고, 우리 자신이 '사랑'이라는 테두리에만 국한하여 가두기에는 너무나 섬세하고 복잡한 정신과 물질의 혼합체라는 사실을 알게 된다. 그러니 혼란이 우리에게 의미가 있는 한, 혼란을 만들고, 혼란을 이해 가능하도록 조각하고, 무질서한 자유를 위해 살길 바란다.

이 혼란의 빛 속에서 시간을 잊어야 한다는 것을 기억해야 한다. 우리가 자유롭게 일에 빠져들 수 있을 때, 밤과 낮을 잊고 삶의 일부로 들어갈 수 있고 온전히 자아를 찾은 느낌에 몰두할 수 있다. 이때 당신의 심박수는 늦춰질 것이다. 이것은 귀중하고 초자연적이며 계속할 만한 가치가 있는 일이다. 이것이 무엇인지 잘 모르겠어도 전혀 걱정할 필요가 없다. 종이접기로 새를 만들 때 완벽하게 잘 접어지는 순간의 환희를 안다면, 산을 오를 때 산과 하나됨을 느끼는 순간의 감격을 안다년, 아빠한테서 수영을 배우는 어린아이의 행복감을 안다면, 여러분은 이미 그것이 어떤 것인지를 어렴풋이나마 알고 있는 것이다. 만약 당신이 당신의 마음을 작게 만드는 삶을 살고 있다면, 멈추길 바란다. 당신의 심장은 당신이 이미 알고 있는 것보다 훨씬 더 많은 근육을 필요로 한다.

살다 보면 사랑으로 인해 상처를 받기도 한다. 사실 이 문제를 해결할 방법은 없다. 그것은 당시에는 잘 느껴지지 않는다. 당신에게서 무언가가 한꺼번에 빠져나가는 게 아니라, 계속해서 당신의 각진 부분을 연필로 둥글게 그린 위에 또 그리는 작업을 여러 번 반복해 점점 더 부드럽게 마모시켜간다. 그렇게 완성된 당신의 부드러움은 세상에 알려질 가치가 있다. 이름은 몰라도 항상 그 앞에서 발걸음을 멈추고 숨을 힘껏 들이마시게 되는 큰 나무처럼, 당신의 사랑도 그렇게 거침없이 자라나게 해야 한다. 당신은 그 나무를 아름답게 가꾸는 정원사도 될 수 있고, 건강하고 빠르게 성장시키는 몬순기후도 될 수 있다.

우리가 고통을 겪으면서 사랑하든, 사랑으로 인해 고통을 겪든, 멀리 떨어져 있는 것은 도움이 되지 않는다. 당신은 모든 것에 더 가까이 다가가야 한다. 주변의 공간은 비어 있지 않아서 크게 소리칠 필요도 없기에, 그것들을 가까이에 모으기만 하면 여러분의 부드러운 목소리를 전할 수 있을 것이다. 설령 전해지지 않는다 하더라도 더더욱 침묵하면 안 된다. 그들이 이해하고 눈을 감을 때까지 노래하고 소리쳐야 한다.

세상에서 가장 힘든 일은 누군가를, 어떤 것을 기다리는 일이다. 적절한 때를 기다리는 것은 마치 달이 시야에서 사라지기를 기다리는 것처럼 오래 걸린다. 그 시간 동안 당신은 말을 아끼고, 자신을 돌보지 못할지도 모른다. 당신은 당신의 한계에 대해 사람들이 무슨 말을 하고 어떤 행동을 보일지를 걱정하고, 내일이 오늘보다 짧을까 봐 두려울지도 모른다. 그러나 당신이 기댈 곳은 많이 있으니, 당신에게 필요한 유일한 것은 숨을 들이쉬고 내쉬는 일, 오직 살아 있음에 감각을 조준하고 온전히 느껴보길 바란다. 그렇게 시작하면, 당신은 어느덧 당신의 기다림이 완성되는 때를 알게 될 것이다.

과거에 잠시 머물 수는 있으되, 너무 오랫동안 마음을 빼앗기지는 말아라. 과거에 마음을 둘 가치는 없다. 어떤 것에 너무 집착하는 것은 좋지 않다. 과거를 동경하는 것은 햇볕 한가운데 앉아 그늘에 있는 올리브나무를 보는 것과 같다. 나무는 여전히 아름답지만, 당신이 잊고 있는 중요한 핵심은 빛과 그 밖의 모든 것에 대해 놓치고 있다는 사실이다. 보통 생각이란 기억나는 것이 아니며, 기억나는 것은 기억하는 것과는 다르다. 우리는 '기억'이라고 하면 대체로 마지막으로 기억했던 것만을 떠올리는 경향이 있다. 물론 항상 뒤를 돌아봐야 할 이유는 있다. 단지 당신이 어떤 방향으로 걷고 있는지만 잊지 않으면 된다.

당신이 한 곳에만 있겠다고 해도 나야 상관없지만, 다른 모든 곳을 가보겠다고 하면 반대할 이유 없이 환영한다. 당신이 어릴 적에 믿었던 만큼의 크기는 아닐지언정, 세상은 여전히 넓고 웅장하다. 당신은 한 번도 가본 적이 없는 나라에서 자신을 발견하는 일이 얼마나 쉬운지, 자신이 낯선 사람을 안심시킬 수 있고 얼마나 이타적인 인물이 될 수 있는지에 대해서 놀라게 될 것이다. 당신이 떠날 수 없는 상황이라면, 바다를 자유로이 건너는 기분이 어떤 것일지 상

상해보라 여러분이 지구의 여행자라면, 편안하든 우스꽝스럽든 좋든 간에 그곳에 머물러보도록 노력하길. 물론 자족하는 것은 경계해야 하지만, 그렇다고 너무 자주 떠나는 것은 오래된 악마 해결하지 않고 있는 일를 계속해서 회피하는 일이며, 다른 사람에게 나의 끈을 대신 묶어달라고 해결해달라고 느슨하게 남겨두는 것과 같다. 인생은 꼭 떠나야만 한다거나 탐험해야 하는 것이 아니다. 인생에는 순수하고 어려우며 전적으로 필요한 관대함이 잠재되어 있다. 자신이 누구인가를 찾는 것은 진부하고 당연하게 들릴 수 있지만, 너무나도 중요한 일이다. 어떤 사람은 몇 발자국 떨어진 곳에서 자신을 만나고, 어떤 사람은 자신이 누구인지를 알기 위해 지구 한 바퀴를 돌고, 어떤 사람은 낯선 외국에서 자신을 알게 되고, 어떤 사람은 평생 알지 못한 채 생을 마감하는 경우도 있다. 당신은 아마도 이 모든 것 사이의 어딘가에 있을 것이다. 떠나고, 돌아오고, 떠나고, 머무는 연속선상 어딘가에⋯⋯.

내가 아는 어떤 사람은 어렸을 때 "너무 자주 화내지 마라. 너는 다시 기뻐하게 될 테니까"라는 말을 종종 들었다고 한다. 이것은 내가 들은 가장 유용하고 진실된 말 중 하나이다. 이론상으로는 간단하지만, 실제로는 대부분의 사람들에게 엄청나게 어려운 일이다. 잔잔한 빛에서 강렬한 빛으로 전환하는 것은 쉽지만, 반대로 강렬한 빛에서 다시 부드럽고 관대한 빛으로 전환하는 데는 더욱 많은 노력이 필요하다. 나는 이것이 많은 사람들이 화를 내고 복수하며 상처를 주는 이유라고 생각한다. 화를 내기란 쉬운 일이다. 반면에 온화함은 사람을 종종 피곤하고 지치게 만들지만, 그곳이 바로 우리가 있어야 할 자리이다. 의심을 넘어선 친절함, 아직 끝나지 않은 은혜로운 이야기와 신비함이 가득한 그곳에 우리가 있어야 한다.

결국, 걱정한 것은 걱정한 대로, 지나간 것은 지나간 대로 다 가치가 있다. 잠 못 이뤘던 밤, 눈물이 마른 새벽, 사람들의 눈을 쳐다보지 못했던 모든 시간들도 가치가 있다. 당신이 조금 더 살아서 마침내 당신 옆에 연륜과 신뢰가 함께 앉아 있게 되는 날, 당신은 자신이 진리와 생명으로 빛나는 피조물로 만들어졌다는 사실에 비로소 눈을 뜨게 될 것이다. 당신의 심장은 교향곡을 연주할 것이고 당신의 눈에서 쏟아지는 밝은 빛을 향해 나무는 자라려고 할 것이다.

지금, 여기, 깨어있기

기네스 크레이븐스_ 과학을 주제로 한 기사와 칼럼을 쓰는
기자이자 소설가

황혼기에 접어들면서실제로 내게는 매우 찬란한 색감과 열정으로 가득 찬 시기이다 나를 바삐 움직이게 하고 내 낮과 밤을 풍요롭게 하는 것은, 평생을 함께해왔지만 인생 후반에 이르러서야 내가 진정으로 발견하게 된 것, 즉 항상 순간을 인식하고 깨어 있는 것이다. 인생이 주는 이 선물을 나는 언제까지나 즐기고 싶다.

나는 삶의 대부분을, 하나의 프로젝트에서 다른 프로젝트로 옮겨가며 열심히 일하다 종종 여행을 떠나고, 다양하고 흥미로운 여러 부류의 사람들을 만나며 다채로운 직업을 전전해왔다. 나는 종종 과거의 사건을 회상하며 시간을 거슬러 추억하기를 좋아한다. 하지만 무엇보다도 요즘에는 바쁜 시간이든, 조용한 시간이든, 내가 어디에 있든 현재의 시간을 가장 중요하게 받아들이고 지금 내 앞에

펼쳐지고 있는 일을 깊이 이해하는 법을 배워가고 있다.

지금 바로 이 순간에 무슨 일이 일어나고 있는지 주의를 기울여 보자. 우리의 머릿속에는 많은 순간들이 채워져 있고 앞으로 더 많은 순간들이 저장될 것이다. 그러나 지금 이 순간만이 우리에게 있는 유일한 시간이다. 이것은 내가 특정한 공간과 시간에 존재한다는 사실을 상기시키는 데 도움이 된다. 이 글을 읽고 있는 여러분도 현재를 느끼고, '그것이 무엇인가'에 집중해보기를 바란다.

집중한다는 행위 자체가 심오한 것을 깨닫게 해주는 인생의 스승이다. 무엇보다도 나 자신을 돌아보면, 매일매일 소중한 가족과 친구들에게 집중하며 함께할 수 있었던 것이 행운이었고, 이 지구라는 행성에서 어떤 아름다움을 발견할 수 있을까 탐험하며 살아가는 매 순간이 행복이었음을 깨닫게 된다.

남편과 나의 저녁 식사를 위해 아티초크 야채의 일종이다 두 개를 준비한 후, 지금 이 글을 쓰는 컴퓨터 앞에 앉아서 나는 호흡을 느껴본다. 허브티를 홀짝이며 옆방 TV에서 흘러나오는 저녁 뉴스를 듣고 있는데, TV 앞에 앉아 있는 남편은 광고가 나올 때마다 볼륨을 줄이고 있다. 베란다로 향하는 큰 유리문을 통해 크고 오래된 참나무가 보이고, 그 너머에 바람이 쓰다듬고 가는 소나무의 머리도 보인다. 눈을 들어 하늘을 보니, 초목이 베어 나간 자리처럼 구름이 은은하게 흩어지고 있다. 산들바람이 나무의 머리 왕관을 흔들고 동시에 회색 구름 뭉치는 천천히, 마치 어떤 의도라도 지닌 듯이 빛의 길을 넘어 하늘을 가로지르고 있다.

나는 집 안의 보일러가 작동하는 소리를 배경 삼아 키보드 위에서 춤추는 내 손가락이 내는 희미한 클릭 소리를 연주처럼 듣는다. 이것은, 언제 끝날지 모르는 나의 유일한 지금 이 순간이다. 밖에서 스크럽 제이새의 한 종류이다가 나에게 베란다로 나오라고 울음소리를 계속해서 보내고 있고, 나는 그 녀석의 일용할 양식으로 조금의 빵과 견과류를 들고서 기꺼운 마음으로 밖을 향한다.

정신적으로나, 윤리적으로나, 금전적으로나, 지금 이 순간에 무엇을 하기로 되어 있는지, 이 순간을 어떻게 활용해야 하는지, 이 시간을 중요한 것으로 만들기 위해 무엇을 해야 하는지, 나는 일부러 생각하지는 않는다. 나와 내가 아닌 것들이 함께 존재하고 있다는 사실만을 느끼며 인식하려고 할 뿐이다. 나는 초와 분 사이에 존재하는 나 자신에 대해 무척이나 운이 좋다고 여긴다. 나는 깨어 있고, 평온함과 맑음을 느낀다. 지금 이 순간이 내가 가진 유일한 소유이다.

내게 허락된 지상에서의 시간이 유한하다는 걸 알면서도, 나는 여전히 삶을 아무렇지 않은 듯 영위해나가며 일종의 시대를 초월한 방식으로 세상을 받아들인다. 나에게는 더 이상 육체로 존재하지 않고 하늘 너머에 계시는 소중한 사람들이 있다. 기억 속에서 그들을 부활시킬 수 있을 뿐 아니라 내 마음속에서 변함없이 살고 있는 그분들의 존재에 대해 감사를 느낀다. 살아 있는 우리가 이해할 수 없는 어떤 연속된 시간과 공간 속에서 잘 지내고 계시리라 믿는다.

후루룩, 스크럽 제이가 부스러기를 주워 날아간다. 까마귀는 낮

삶의 의미

은 곳으로 내려앉아 스크럽 제이가 흘리고 간 음식을 챙긴다. 봄이 니까, 아마도 먹이를 줄 아기 새들이 기다리고 있는 자신의 둥지를 향해 날아가는 거겠지. 옆방에서 남편이 신문을 넘기면서 바스락거 린다. 이내 다시 적막감이 찾아온다.

어둠이 깊어지자 여기 거실 위쪽 창으로 별 하나가 보이기 시작 하고, 식기세척기가 작동하는 소리가 크게 들린다. 저 별은 목성이 다. 최근에 구름 없는 맑은 밤마다 나타나서 무척이나 반짝거린다.

전 세계의 다양한 환경에서 겪었던 나의 모험들, 내가 만났던 흥 미롭고 놀라운 사람들…… 나는 내 기억 속의 별들을 자신 있게 나 열할 수 있다. 그럼에도 불구하고, 앞으로도 계속 나에게 일어날 모 든 일에 대해 더욱 관심을 갖고 지켜보고 싶다. 이 모든 것의 원천은 '바로 지금 여기'이다. 내 눈과 귀와 두뇌를 주의 깊게 사용하는 것이 다. 존재하는 것에 주의를 기울이는 것은 나와 함께하는 선물^{그것이 내 삶에 어떤 사건과 의미이든 상관없이}이며, 내가 해야 할 가장 중요한 일은 그것 이 '지금 여기'에 있다는 것을 매 순간 기억하는 것이다.

다른 사람의 눈으로,
나만의 답을 찾기

안토니 아탈라_ 21세기 의학 발전을 이끈 선구자 중 한 명으로
재생의학연구소 소장이자 외과의사

나는 인생의 마지막 날을 상상하면서 세상에 어떤 지혜를 전할지 생각하는 지금 이 순간이 가슴 벅차다. 내 인생도 어느덧 전반전을 넘어선 지금, 언제 어디서 어떻게 결정적인 인생의 '진리'를 마주할 것인지 나 스스로도 여간 궁금한 게 아니다. 나이가 들어감에 따라 삶의 문제는 단순하지 않고 점점 복잡해지는 것만 같다. 중년이 된 나는, 공유할 지혜가 많은 사람이라기보다는 여전히 한낱 인생의 구도자이자 질문자에 지나지 않음을 새삼 느끼고 있다. 그런데 사실 이런 모습이 정상이 아닐까? 우리 중 얼마나 많은 사람들이 인생이라고 부르는 이 선물에 대하여 최고라고 자신하며 맑고 투명한 수정처럼 분명한 감각으로 살아가겠는가. 삶의 어느 지점에서, 아니 설령 생의 마지막 날이라 하더라도 그런 명료함이 가능하긴 한 걸까.

만약 삶을 쉽게 다룰 수 있는 '손잡이'가 있다면? 확실히 믿고 따를 수 있는 '청사진'이 있다면? 있다손 치더라도, 인생을 계발하는 데는 여러 어려움이 있을 것이다. 왜냐하면, 삶이란 예측 불가이기 때문이다. 우리의 생명은 내일 갑자기 끝날지 아니면 수십 년 후에 끝날지 알 수 없는데, 정작 삶에 대한 중요한 결정을 내릴 때는 자신이 정상적으로 인간의 수명을 다 채울 것이라는 가정하에 정한다. 당장의 행복보다는 미래를 위해 저축하고, 일확천금의 도박을 꿈꾸는 대신 수년 동안 착실하게 교육을 받고 경력을 쌓기 위해 노력한다. 운전할 때 갑작스러운 끼어들기를 당하거나 집 열쇠를 잃어버려 스트레스가 머리끝까지 치밀어 오를 때, 우리는 그날이 우리 생의 마지막 날일지도 모른다는 생각을 하는 편이 좋다. 이러한 삶의 불확실성 때문에 많은 사람들이 명확한 죽음의 순간이 오기까지는, 죽음에 대하여 생각하지 않고 죽음에 대한 면역성을 키우며 사는 것 같다.

삶의 도전은 우리의 생활을 변화시킨다. 때로 인생이 잘나가고, 삶이 자신의 통제 안에서 순조롭게 돌아가며, 마치 성공적인 삶의 비밀을 다 알게 된 것인 양 착각하게 될 때도 있다. 그러나 이것도 오래가지 않는다. 직장을 잃거나 건강이 나빠지거나 가까운 사람의 죽음을 경험하게 되면, 모든 것이 갑자기 처음으로 돌아간 듯한 느낌이 들면서, 우리가 왜 이 땅에 존재하는지, 어떻게 하면 하루하루를 최대한 값지게 보낼 수 있는지와 같은 생각이 들게 된다. 내 삶의 밭을 일구던 모든 것들이 무가치하게 느껴지며, 일시에 폐업한 듯한

막막한 순간을 경험하기도 한다.

나는 최근 '회복'에 관한 책을 한 권 읽었다. 성공을 위해 부단히 노력한 결과, 성공 신화를 이뤘지만, 갑자기 남편이 사망한 비운을 맞게 된 여성이 쓴 책이다. 그녀는 남편의 생전에는 현대 여성들의 사회적 발전과 성공의 비법 등을 조언하는 책을 썼었는데, 놀랍게도 그녀가 했던 조언들이 남편의 사후에 어린아이 둘을 데리고 힘겹게 생업을 이어가야만 했던 자신에게조차 적용할 수 없는 쓸모없는 이 야기였다는 사실에 충격을 받았다고 한다. 그녀는 자신이 직접 경험하기 전까지는 편부모가 직면한 도전과 냉혹한 현실에 대해 몰랐던 것이다.

우리가 누군가에게 조언할 때 반드시 고려해야 할 사항은, 실제로 상대방이 내 의견을 듣고 싶어 하는가이다. 십 대였을 때, 나는 부모님의 조언을 한 귀로 듣고 한 귀로 흘렸다. 나뿐 아니라 대부분의 젊은이들이 그럴 것이다. 다른 시대를 살아온 부모님들의 케케묵은 구식 지혜가 현재 시대에 통할 리 없다고 굳게 믿곤 한다. 우리는 무엇을 할 때, 자기만의 방식을 발견하기를 원한다. 그것이 최선이라고 믿기 때문이다. 그렇다. 우리 모두 자신만의 길을 찾으며 배울 기회를 가질 자격이 있지 않은가? 많은 인생의 선배들이 자신이 살아오면서 배운 것을 공유하고 싶어 하지만, 젊은 세대는 다른 사람의 실수로부터 무언가를 배우고 싶어 하지 않는다. "살며 배우라 Live and Learn"라는 말이 있듯이, 인생은 우리에게 무엇이 되고 무엇이 안 되는지를 가르쳐주는 기회 그 자체이다.

나는 인생에 대한 구체적인 지혜나 통찰력은 없으나, 내 인생을 위해 간단한 세 가지 원칙을 가지고 살았다.

- 항상 옳은 일을 하려고 노력하라.
- 언제나 최선을 다하라.
- 남에게 대접을 받고자 하는 대로 남을 대접하라.

이런 원칙들은 이해하기는 쉬워도, 막상 실천하기는 어려운 법이다. 흔히 '황금 법칙golden rule'이라고 불리는 세 번째 원칙, 즉 상대방의 입장이 되어 보는 것은 특히 인생에 큰 도움이 된다고 생각한다. 소설가 마르셀 프루스트도 그렇게 말했다. "발견의 진정한 항해란 새로운 풍경을 찾는 것이 아니라 새로운 시각을 갖는 것이다. 백 명의 사람들이 각각 백 개의 세계를 보는 것이다."

흥미롭게도, 다른 시점으로 세상을 보는 것은 우리가 좋은 성품의 사람으로 변화하는 데 도움이 될 뿐만 아니라, 인생에 대한 열정을 갖는 데도 도움이 된다. 우리 자신의 건강한 존재감과 세상의 행복을 위해 열정과 존재 이유를 찾는 것은 실로 중요하다. 살다 보면 우리의 열정은 식을 수도 있지만, 적어도 우리가 매일 아침 잠자리에서 일어날 때는 그 하루를 사는 어떤 이유가 있어야 할 것이다. 어떤 사람들은 어린 나이에 열정을 발견하고, 또 어떤 사람들은 살면서 깨달아간다.

다른 사람의 눈으로 세상을 볼 줄 알면, 삶이 제공하는 많은 가능성에 새롭게 눈을 뜨고, 세상 어딘가에 있을 자신만을 위한 특별하고도 고유한 자리를 찾을 수 있게 된다. 이성을 잘 갖추고 있다면, 열심과 야심으로 성취를 향해 달려가는 것을 두려워하지 마라. 인생에서 목표를 갖는 것은 중요하다. 즐기는 것만으로는 충분치 않다. 인생의 목표는 우리를 계속해서 나아가게 하는 힘을 주는 것이다. 세상을 바라보는 시각을 넓히면 우리의 삶에 기쁨과 의미를 가져다주는 열정이 무엇인가를 온전히 알게 되고, 세상을 더 나은 곳으로 만들어나가는 주인공이 된 자신의 힘을 느낄 수 있을 것이다.

유산을 남긴다는 것

조셉 미첼리_ 세계적인 심리학자이자 조직 컨설턴트

《리더십》의 저자 존 맥스웰은 우리 모두가 '한 문장'으로 기억될 것이라고 했다. 그리고 "지금 그 문장을 써야 한다"라고 말했다. 나는 그 문장이 뜻하는 바가 우리 모두의 자신만의 유산을 말하는 것이라고 생각한다. 나의 마지막 강의가 여러분들이 원하는 삶의 목적에 대해 되돌아보고, 그것을 적어서 신뢰하는 사람들에게 전파하며, 그것을 공유하는 사람들이 책임 있는 동반자의 역할을 다하도록 격려하는 데 도움이 되기를 바란다.

우리는 매일 '개인 브랜드' 또는 '평판'과 같은 매우 강력한 자산을 관리한다. 브랜드란 내가 없을 때 사람들이 나에 대해 말하는 것이다. 우리가 다른 사람의 의견을 통제할 수는 없지만, 결정을 이끌어 내는 사고에 대해서 영향을 끼칠 수 있다. 어떤 사람들은 충동적이고 독단적인 결정을 내림으로써 오히려 개인 브랜드를 손상시키는 반면, 어떤 사람들은 '자신이 어떻게 알려지기를 원하는지'에 대해 더 사려 깊게 접근한다. 자신이 후세에 남길 의미 있는 유산에 대해 생각한다는 것은, 장기적으로 볼 때 삶의 선택에 큰 영향을 미친다.

나는 혁신적인 지도자들과 함께 일하는 것을 축복으로 여긴다. 그리고 나는 종종 그들에게 그들이 남기고 싶은 유산에 대해 묻곤 한다. 그러면 그들은 대체로 한 치의 망설임도 없이 '지속적인 영향 enduring impact'에 대한 자신들의 비전이라고 답한다.

스타벅스의 성공을 이끈 하워드 슐츠Howard Schultz에게 그의 유산 에 대해 물었을 때, 그는 "한 번에 한 컵씩 마실 때마다 삶을 고양시 키는, 오래가는 브랜드를 만들고 싶다"고 말했다. 그 유산을 창조하 기 위해 그는 최고 글로벌 전략가에서 다시 CEO로 역할을 옮겨 브 랜드의 부활을 촉발해야 했다. 이 기간 동안 하워드는 스타벅스의 본질을, 사람들에게 서비스하는 '커피 비즈니스'가 아니라 커피로 사 람들을 고양시키는 '사람 비즈니스'로 재정립했다. 많은 선택의 기 로가 있었지만 이것이 하워드가 선택한, 자신만의 유산을 만드는 방 법이었던 것이다.

나는 존 요코야마Johnny Yokoyama에게도 비슷한 질문을 한 적이 있 다. 존은 워싱턴주 시애틀 파이크 플레이스 수산시장Pike Place Fish Market에서 작은 물고기 가판대를 소유하고 있다. 그의 팀은 이곳에 서 물고기를 던지고 받는 묘기를 선보이며 어업 종사자들과 가판대 를 지나가는 고객들에게 즐거운 볼거리를 제공한다. 그는 어린 시절 트라우마로부터 자신의 유산에 대한 이야기를 시작했다. "나는 미국 역사의 암울한 시기에 태어나 나와 같은 성을 가진 일본인들과 함께 수용소 생활을 했던 불행한 일본계 미국인이었습니다. 아버지의 사업이 망한 후, 우리 가족은 종이 판자촌의 철조망 뒤에 살았습니다. 그런 생활이 끝났을 때, 나는 '지속적인 변화'에 대한 비전을 가졌고 다른 이들이 좋은 세상을 만들도록 배움을 제공하는 일이 또한 지속적인 변화를 주는 것의 연장선으로서에 헌신할 생각밖에 없었습니다. 그 비전을 가지고 저는 파이크 플레이스 수산시장의 가판대를 시작했고, 이에 관해 여러 책이 쓰여질 정도로 하나의 고유한 브랜드로 성장시켰죠. 전 세계 사람들이 놀러와 우리 생선 장수들의 익살스러운 모습도 보고 함께 웃고 놀고 즐기는 그런 장소를 만든 겁니다."

하워드 슐츠나 존 요코야마와 같은 사람들이 유산에 대해 공통적으로 말하는 것은 이 한 가지이다. 그들은 위대한 성과를 낳았고, 그들의 영향력은 그들의 의미 있는 사업을 통해 현시대를 넘어서 후세대에까지도 변함없이 지속적인 영향력을 줄 것이라는 사실이다. 그러면 우리 자신은 어떠한가? 우리의 잠재력을 완전히 실현할 수 있도록 유산을 정의하고 비전을 실현할 수 있는가?

오랫동안 나는 '유산'이라는 개념을 자만심이 담긴 대담하고 거만한 관점으로 판단해, 사실상 저항감을 느꼈다. 그렇다. 사실 우리 모두는 유산을 남긴다. 유산에는 설계된 의도적인 유산이 있고, 저절로 생긴 기본적인 유산이 있다. 잘 설계된 유산은 영향력이 있다. 저절로 생긴 기본적인 유산은 종종 재능이 허비되는 것으로 나타나기도 한다.

젊었을 때, 나는 '현재'에 가장 관심이 많았고 장기적인 목표를 정하는 것에는 관심이 없었다. 그러던 어느 날, 노라라는 여성을 만나면서 상황이 달라졌다. 그녀와 나는 1년 동안 데이트를 했는데, 이는 내가 이전에 만났던 어떤 상대보다도 긴 기간이었다. 만난 지 1년째 되는 기념일 무렵, 노라는 나에게 "우리 관계의 미래에 대한 비전을 갖고 있어?"라고 물었다. 계획이라면, 나는 고작 다음 데이트를 구상하는 정도였는데, 노라는 '우리가 함께 만들 수 있는 유산'에 대해 큰 그림을 갖고자 했던 것이다.

약간의 어색한 대화 끝에 나는 우리가 함께할 미래의 유산을 생각하며 프러포즈를 했다. 노라와 나는 우리의 '결혼 유산 서약서'를 만들었고, 그것은 소박하지만 동시에 위대한 우리 인생의 목표를 담아냈다. 우리는 '세상으로부터 받는 것보다 더 많은 것을 세상에 던져줄 두 명의 아이를 세상에 데려오는 것'에 우리의 인생을 바치기로 했다. 그 유산이 단순하고 쉽게 들리겠지만, 우리는 그 아이들_{앤드류와 피오나}을 생산적이고 사회적인 의식을 가진 성인으로 잘 성장시키기 위해 끊임없이 투쟁하고 노력했다. 우리의 목표는 순조롭게 진행되는 듯했으나, 그 아이들이 청소년기에 접어들었을 때는 우리 집에 '사탄의 자손'이 살고 있나 의심이 들 정도로 힘들기도 했다.

그럼에도 불구하고, 우리는 우리가 원하는 유산에 대한 희망의 조짐을 보았다. 아들 앤드류는 대학을 졸업하고 워싱턴주 시애틀에 있는 자기가 꿈꾸던 직장에 취직했고, 고등학생이 된 딸 피오나는 화창한 날씨의 플로리다에서 살고 싶다며 이사했다. 그로부터 6주 후에 청천벽력 같은 소식이 전해졌다. 딸과 함께 플로리다에 도착한 아내가 유방암이 뇌, 심장, 간, 폐로 전이된 상태라는 것이 발견되어 중환자실에 누워 있다는 것이었다!

이 예상치 못한 상황으로 인해, 나는 앤드류지금은 미국에서 멀리 떨어진 곳에 살고 있다에게 전화를 걸어 엄마의 상태를 알려야 했다. 나는 조심스럽게 그가 언젠가는 직장에서 잠시 휴가를 내야 할 수도 있다는 사실을 알려주었다. 다음 날 나는 앤드류로부터 한 통의 전화를 받았는데 가까운 공항으로 자신을 데리러 와주겠냐는 전화였다. 아니 왜 이렇게 빨리 왔느냐고 물었더니, 앤드류는 바로 직장을 그만두었다고 했다. 나는 근엄하고 진지한 아버지의 목소리로 아들을 꾸짖었다. "너는 직장을 그만둬선 안 돼. 내가 너를 대학에 보냈어." 그러자 앤드류는 "아빠, 저는 직장을 그만두고 내 집으로 다시 돌아온 것뿐이에요"라고 대답했다. 내가 "여기는 너의 집이 아니야. 너는 플로리다에서 살아본 적도 없잖아. 너의 집은 너의 직장이 있는 곳이야"라고 말했더니, 앤드류가 나의 말을 제대로 고쳐주었다. "아빠, 제 집은 엄마가 있는 곳이에요."

앤드류는 플로리다로 이사해 엄마의 간호를 위해 공인 간호조무사 자격증을 따고 훈련도 받았다. 내 아내의 삶의 마지막 시간에, 그녀를 화장실에서 옮기고 부드럽게 침대에 눕힌 사람은 누구도 아닌 아들 앤드류였다. 그 옛날, 유산에 대한 노라의 결정에 나는 감사하고 또 감사한다. 그렇게 그녀의 유산은 계획대로 실현되었다!

여러분도 유산에 대해 적어보는 시간을 가져보지 않겠는가? 헨리 소로는 "자신의 꿈을 향해 자신 있게 나아가고 상상해온 삶을 살기 위해 노력한다면, 상상하지 못했던 성공을 일상에서 만날 것이다"라고 말했다. 나는 여러분의 성공은 꿈과 포부 그리고 자신만의 유산을 꿈꾸면서 시작될 수 있다는 사실을 알려주고 싶다. 바로 여러분의 인생이 남기고 싶은 그것을 말이다.

FLAG의 법칙

줄리안 트레저_ TED의 명강연자이자 커뮤니케이션 전문가

인생의 길을 찾고 헤쳐나가기란 여간 힘들고 어려운 것이 아니지만, 그만큼의 가치가 있다. 하지만 자신이 무엇을 위해 어디에 서 있는가를 단 한 번도 생각해본 적이 없는 사람들도 많다. 자기 삶의 가치를 잘 정의한다면, 도덕적인 나침반을 조정하는 데 도움이 되고, 모든 큰 결정들에 대한 맥락을 만들고, 매일 만나는 작은 도전들에 대해서도 잘 대응하며 나아갈 수 있다.

내가 삶에서 소중히 여기는 가치들의 첫 글자들을 따면 **FLAG**깃발가 된다.

믿음Faith

　믿음과 두려움은 동전의 양면과 같아서 때로는 단순한 의지로 뒤집히는 경우가 있다. 인간은 두려움 속에서 살게 되면 무력하고 쇠약해지기 때문에 강한 믿음을 필요로 한다. 나는 동전을 던져 어떤 선택이 나오든, 결국은 잘된 선택이라고 믿어버린다. 아무도 미래에 대해서 알 수 없으므로, 자신이 믿고 싶은 바를 선택하는 것이다. 내 경험에 따르면, 미래에 대한 믿음이 있는 현재가 두려움이나 불안 속에 있는 현재보다 훨씬 더 좋다. 물론 적절한 두려움은 자기를 보호하는 데 중요한 부분이기도 하다. 예를 들어, 사자를 보면 적당하게 두려워하는 것이 옳다. 그러나 과도하거나 부적절한 두려움사람들이 안 좋게 생각할까 봐, 일이 망쳐질까 봐, 누군가에게 거절당할까 봐 등등은 충만하고 행복한 삶을 사는 데 확실한 방해 요소가 되므로, 어느 누구도 그 길을 택하지 않아야 한다. 어쨌든 내 경험으로는, 어떤 존재에 대한 두려움은 항상 그 존재 자체보다도 더 악영향을 끼친다.

사랑Love

　단순히 말하자면, 상대가 잘되기를 바라는 마음이다. 하나의 습관이 되려면, 연습을 통해 노력해야만 한다. 이 연습은 영혼을 깨끗하고 가볍고 자유롭게 해주기 때문에 그만한 가치가 있다. 나는, 죄가 있다고 입증되지 않는 한 내 마음속에 있는 사람들이 순수하다고

믿으며 최고의 사람들이라고 생각하는 편이다. 신뢰는 철회할 합리
적인 근거가 생길 때까지 내가 주기로 선택한 선물이다. 나는 인간
이 사랑하면서 동시에 냉철하게 판단할 수 있다고 믿지 않기 때문
에, 아무런 비판 없이 상대가 잘되기를 바라는 마음을 갖는 것이 진
정한 사랑이라고 생각한다. 이는 습관적으로 부정적이거나 비난을
일삼는 사람들에게 좋은 해독제가 될 것이다.

수용Acceptance

우리는 항상 우리가 있는 곳에서 무엇이든 시작할 수 있다. 자신
의 상황을 후회하지 않고 받아들이면, 강력하고 긍정적인 에너지로
훨씬 쉽게 나아갈 수 있다. 그렇다고 과거를 잊으라는 말은 아니다.
지나온 길에서 교훈을 얻을 수는 있지만, 지나온 길을 바꿀 수는 없
는 법이다. 수용은 의사 결정에도 도움이 된다. 우리는 선택을 하고
그 선택에는 결과가 따르기 마련인데, 그 결과를 받아들이는 것세상
에 미치는 자신의 영향에 대해 책임을 지는 것은 내 개인적인 경험상 삶을 더 평화
롭고 행복하게 만드는 것 같다. 수용은 더 높은 수준에서도 작동한
다. 스콧 펙Scott Peck이 말했듯이, 인생은 어렵다. 하지만 그것이 어렵
다는 것을 수용할 때, 역설적으로 훨씬 더 쉬워진다. 그렇다고 수용
을 희생이나 체념과 혼동해서는 안 된다. 다만 상황을 더 좋게 바꿀
수만 있다면, 수용이 답이다. 바꿀 수 없는 것에 대해 격분하는 것은
일전에 내가 TED 강연에서 소개했던 의사소통의 치명적인 잘못 중

하나가 된다. 그것은 당신과 당신 주변 사람들에게 스트레스와 불행만 안긴다.

감사 Gratitude

이것이 아마도 일상생활에서 가장 중요한 가치가 아닐까 싶다. 당신이 집중하는 것이 무엇이든 당신의 삶에서 확장되는 경향이 있으므로, 당신에게 부족한 것에 집중하지 말고 가진 것에 집중하는 것이 현명하다. 많은 사람들은 행복이 반대쪽에 있다는 잘못된 믿음으로 불행의 요소들돈, 물건, 관계 등에 중독되어 슬픈 소용돌이 안에 갇힌 채 살아간다. 그들이 행복이 있는 곳에 도착했을 때는 소망이 이미 다른 곳으로 이동했음을 알게 될 뿐이다. 사실, 행복이란 오직 지금 여기에만 존재하는 것이다. 그것에 접근하기 가장 좋은 방법은 우리가 가진 것에 대해 오직 감사함으로 집중하면서, 세상에 영원한 것은 없다는 것을 받아들이는 것이다. 나는 위대한 방글라데시인 사진작가 GMB 아카시GMB Akash에게 그의 사진에 담긴 빈곤한 사람들이 왜 그렇게 행복해 보이는지 물어본 적이 있다. 그는 "그들은 가진 것이 없으므로 잃을 것도 없습니다"라고 대답했다. 우리는 더 많이 소유할수록 더 많은 애착을 갖게 되고, 더 단단히 붙잡으려고 한다. 잃지 않으려고 발버둥 칠수록 더 많은 것을 원하게 된다. 이를 피하려면 탐내거나 쌓아두지 말고 감사하는 마음을 가지고, 때가 되면 자애롭게 놓아주면 된다.

많은 사람들이 나의 강의 주제인 '의식적인 말하기와 듣기'가 실제로는 일종의 '마음챙김'을 권하는 것이 아니냐고 말하곤 한다. 그렇다. 나는 각종 영상, 휴대폰, 소음, 여러 종류의 마취제가 넘쳐나는 현대 사회의 산만함과 강렬함으로 인해 사람들의 의식이 손상되어가는 걸 보는 것이 너무나 안타깝다. 많은 사람들이 그들의 삶을 몽유병자가 걷듯 살아가고 있다는 생각이 든다.

우리는 짧은 시간 동안 이 땅에 살다 가는 것이므로, 더 이상 시간을 낭비해서는 안 된다. 여러분이 하는 모든 일, 특히 다른 사람들과 의사소통을 할 때, 의식을 갖고 임해야 한다.

말을 할 때는 과장 없이 하라. 상대방을 화나게 하는 '대화의 폭탄'을 사용하지 않길 바란다. 남의 말에 끼어드는 경향이 있다면, 말하기 전에 심호흡을 하는 연습을 하라. 다른 사람에게 뭔가를 요청할 때는 명확하게 하고, 세 가지 응답예, 아니오, 나중에 대답하겠습니다을 모두 받아들일 준비를 하라. 당신이 '아니오'를 받아들일 준비가 되어 있지 않다면, 당신은 요청이 아니라 요구를 하고 있다는 걸 알아야 한다. 그리고 험담사람이 없을 때 하는 말을 피하라. 당신이 잘못했을 때는 신속하고 완벽하게 사과하라. 사실과 의견의 차이를 잘 구분해서 말하고, 정치적, 종교적 교리에 대해서는 삼가하여 말하며, 자신의 의견을 말할 때는 겸손하게 제시하라.

다른 사람의 말을 들을 때는 온 맘을 다해 집중하여 들어라. 파트너, 가족, 친구, 동료에게 그들의 말을 진정으로 경청하는 특별한 선물을 주길 바란다. 들을 때는 동시에 다른 일을 겸하지 말고 오직 들기만 해보라. 당신은 그 차이에 놀라게 될 것이다. 하지만 모든 사람의 경청하는 태도가 다 다를 수 있다는 점을 인식하고, 다른 사람에게도 이를 허용하라. 경청하는 기술을 연마하고, 의식적으로 집중하여 오롯이 귀를 기울인다면 이해력은 저절로 따라올 것이다.

말하기와 듣기는 핵심적인 기술이지만 학교에서는 제대로 가르쳐주지 않는다. 의식적으로 연습하면 누구나 잘하게 되고, 진정한 변화를 만들 수 있게 된다.

마지막으로 한마디 덧붙이자면, 매일 조금씩 성장하는 것을 목표로 삼아라. 우리에게는 날마다 그리고 매 순간 배울 것이 정말 많으니까.

성공과 행복을 다시 정의하다

마크 리어리_ 성격과 사회심리학을 연구하는 듀크대학의
심리학·신경과학 교수

성공을 늘리고 행복을 높이는 방법에 대한 조언으로 가득한 것이 일반적인 문화이다. 자세히 들어가보면 다르겠지만, 대부분의 천편 일률적인 메시지는 일종의 세트를 형성한다. 예를 들어, ① 높은 목표를 설정하고, ② 목표를 향해 모든 일에 최선을 다하며, ③ 결코 포기하지 말고, ④ 자신에 대해 엄청난 자신감을 가지고, ⑤ 무한한 에너지와 끈기와 결의로 인생사를 해결하라는 식이다.

그런 식의 조언은 제한된 상황의 특정한 사람들에게는 유익할 수도 있다. 그러나 나의 개인적인 경험과 40년 동안 대학생들과 함께 일하며 사회심리학자로서 수행해온 연구를 바탕으로 생각해봤을 때, 나는 위의 권장 사항이 삶의 질을 향상시킬 수 있는 것만큼이나 저하시킬 가능성도 있다고 확신한다. 나는 여러분에게 목표를 가지

지 말라거나 중요한 일에 성실하지 말라는 말을 하는 게 아니다. 이러한 문화적 신화를 대단한 지혜의 말로 여기거나 지나치게 의미 부여를 하지 않고 오히려 무시한다면, 행복과 성공, 만족스러운 삶에 한층 더 가까워질 가능성이 높다는 것을 이야기하고 싶은 것이다.

물론 사람은 분명한 목표가 있어야 한다. 사실, 매일매일은 목표를 향한 끝없는 추구의 시간으로, 어떤 것은 샌드위치를 만들거나 주차 공간을 찾는 것처럼 평범하고, 어떤 것은 생명을 구하거나 세계 평화를 증진시키는 것만큼 심오하고 가치가 있다. 많은 대중적인 조언은 자신을 위해 높고 고상한 목표, 비유하자면 '별에 도달하는 것'을 설정하도록 촉구하지만, 그러한 조언은 잘못된 것이다. 지나치게 높은 목표를 설정하는 것은 만성적인 좌절과 불행의 원인이 되며, 달성 가능한 목표를 이룰 수 있는 시간을 빼앗는 결과를 낳는다. 대부분의 사람들은 건강한 생활방식, 보람 있고 생산적인 직업, 긍정적인 관계, 재정적인 안정, 마음의 평화와 같은 만족스러운 삶의 기본 요소조차 달성하는 데 어려움을 느끼며 산다. 많은 사람들이 지구상에서의 일상적인 목표, 즉 자신과 자신이 사랑하는 사람들의 웰빙도 이루지 못하며 급급하게 사는데 저 높은 별을 향해 손을 뻗는 것이 무슨 의미가 있겠는가?

주입된 생각과는 달리, 중요한 일을 성취하기 위해서 거창한 목표를 세울 필요는 없다. 위대한 일을 성취하는 대부분의 사람들은 별에 손을 대는 것으로 시작하지 않는다. 오히려 그들은 열심히 일하고 좋은 일을 하겠다는 약속을 가지고 다른 사람들처럼 평범하게 시작한다. 그러다가 작은 성공, 뜻하지 않은 기회, 유익한 협업, 행복한 사고, 행운의 연속을 통해 자신도 모르게 중요한 일을 이뤄가는 것이다. 각 단계에서 그들의 목표는 훨씬 작고 관리하기가 용이하다. 그리고 괜히 별을 향해 손을 뻗었다가 오히려 빈손이 된자신의 잘못 때문이 아닌 많은 사람들이 있다는 사실을 잊지 말자. 그들은 별을 향해 달려가느라 삶의 질을 향상시키거나 사회에 공헌할 수 있는, 달성 가능한 목표는 오히려 외면하게 되었던 것이다.

우리는 모든 일에 최선을 다하고, 항상 우리 능력의 100%때로는 110%를 써야 한다고 들어왔다. 하지만 언제나 그래야 할까? 인생에는 최선을 다해 노력해야 할 과제가 있긴 하다. 그러나 그다지 중요하지 않은 일에 최선을 다한다면 인생은 짧고 그 시간과 에너지는 너무나 아깝다. 우리의 시간과 에너지는 제한된 자원이므로 중요하지 않은 작업은 멀리 치우고 반드시 진정으로 중요한 일에만 최선을 다해야 한다.

양심의 심리학적 관점에서 볼 때나도 만점보다 1점 낮은 평가를 받기도 했지만, 우리 중에 양심의 지수가 높은 매우 성실한 사람들은 별로 중요하지 않은 일에도 최선을 다하기 위해 너무나 많은 시간을 보내고 있고, 최선을 다하지 않으면 종종 스스로 죄책감을 느낀다. 우리는 중요한 작업에 최선을 다할 때 자신과 다른 사람들에게 유익한 시간이라고 생각한다. 그러나 '적당히 해도' 충분히 괜찮은 작업에 너무 최선을 다한다면, 그것은 인생의 낭비이다. 모든 일에 똑같이 최선을 다해야 한다는 강박관념이 오늘날 왜 미덕으로 칭송되고 있는지 모를 일이다.

대중들을 상대하는 심리학의 현자들은 항상 최선을 다해야 할 뿐만 아니라, 결코 포기하지 말아야 한다고도 조언한다. 잠시 생각해 보자. 절대 포기하지 말아야 한다는 것이 사실이라면, 우리는 둘 중 하나이다. 무엇이든 시작하면 끝을 봐야 하거나, 그 일을 하면서 늙어 죽게 되거나. 두 가지 중 하나로 계속 추구해야 하는 것이다. 중간에 그만두는 것은 아예 선택사항이 되지 못하며 논외가 된다. 내 관점에서, 포기하지 말라는 것은 우리가 지켜야 할 행동 수칙이라기보다는 심각한 심리적 장애로 보인다.

절대 포기하지 말라는 조언의 약한 버전은 꾸준히 하라는 것이다. 포기하지 말라는 말보다는 확실히 합리적이기는 하지만, 일이 잘 풀리지 않는 상황에서도 의미 있는 일을 하기 위해서라면 한동안 지속하라는 말이다. 인내가 궁극적인 성공의 기회를 증가시키기 때문이다. 그러나 정말로 중요한 지혜는 자신이 그만둘 때가 언제인지를 아는 것이라고 나는 생각한다.

마지막으로, 사람들은 종종 자신에 대해 남다른 자신감을 가지도록 격려를 받는다. 때때로 "당신이 마음먹은 것은 무엇이든 할 수 있다"라는 말도 듣는다. 잘못된 문화적 신화들 중에서도 이것은 가장 명백하게 잘못된 것이기 때문에 나를 가장 당혹스럽게 만든다. 우리 대부분은 마음먹은 일을 하려고 온 힘을 다해 꾸준히 노력하지만 성공하지 못하는 경우가 태반이다. 어떤 사람들은 마음먹은 일을 이루지 못하고 수년을 보내기도 한다. 나는 사람들이 이런 주장을 할 때, 도대체 무슨 생각을 가지고 하는 말인지 상상하기가 어렵다. 그것은 착각이다.

위와 같은 주장에서 '믿으라'의 완곡한 버전은 '도움이 될 것이다'이다. 어떤 일을 열심히 할수록 성취할 가능성이 높아진다는 것은 명백한 사실이며, 자신감을 가지고 어려운 일을 계속해나가면 완수할 가능성이 물론 높아진다. 그러나 그렇다고 "당신이 마음먹은 것은 무엇이든 할 수 있다"는 아니다. 천만에, 당신은 할 수 없다!

이러한 잘못된 문화적 신화의 영향력이 우리에게 약하게 미친다면, 그것이 설령 거짓이라고 해도 어쩌면 그냥 넘어갈 수 있겠다. 하지만 이 잘못된 신화는 우리에게 스트레스, 좌절, 시간 낭비, 자기 비난 등을 야기하고 오해의 소지를 불러일으키며 해로운 기대를 생산한다. 그러면 삶의 질이 비참해질 수 있다. 많은 사람들이 이러한 믿음에 너무 익숙해져 지나치게 높은 목표를 추구하거나 충분히 높은 수준에 도달하지 못한 것에 대해 스스로를 자책한다면? 많은 사람들이 자신이 하는 모든 일에 최선을 다하려고 시간을 낭비하고, 중요하지 않은 일에도 최선을 다하지 않았다는 사실로 죄책감을 느낀다면? 일찌감치 포기했어야 할 계획을 오랫동안 고수하거나 열심을 다했는데도 나는 왜 안 되는 걸까 하는 문제로 계속 고군분투한다면?

그러니 부디 열심히 일하고, 선한 일에 힘쓰며, 현실적인 목표를 세우고, 특정한 일에 얼마나 많은 시간과 노력을 투자할 것인지에 대해 합리적으로 판단하고, 그만둘 때가 되면 포기할 줄 아는 것이 현명하고 유익한 일임을 인식해야 한다. 실제로 마음먹은 대로 다 할 수는 없다는 것을 깨달으면서 살아야 한다. 우리 중 많은 사람들이 삶을 필요 이상으로 힘들게 만드는 비현실적인 조언을 따라 너무 열심히 노력하는 것이 문제다. 당신의 결정을 지배하는 규칙을 알아야 하고, 당신의 삶을 고양하거나 증진시키지 않는 쓸데없는 규칙이라면 과감히 버릴 줄도 알아야 한다. 합리적이고 객관적인 접근 방식은 어리석은 문화적 신화보다 당신을 당신이 원하는 삶으로 한 발짝 더 가까이 인도한다. 신화를 덮고 여러분 자신의 이야기를 펼쳐나가면 된다.

죽음도 나의 친구가 될 수 있다

마이클 게이츠 길_ 베스트셀러 '팽귄 스타벅스'의 저자

안녕, 내 오랜 친구인 죽음이여, 또 이렇게 가까이 와주시니 좋군요.

몇 년 전에 나는 뇌종양 진단을 받았다. 의사는 나에게 즉시 수술을 권하며 10만 달러의 비용과 세 명의 외과의사가 필요하다고 했다. 그리고 "대부분의 사람들이 생존한다"고 말했다. 나는 건강보험이 없어서 큰 부담을 느꼈다. 그러던 중 은퇴한 뇌 외과의사에게서 또 다른 의견을 들을 기회가 생겼다. "당신은 나이가 많고 뇌종양의 진행도 느릴 테니, 경과를 지켜보며 조심스럽게 기다려보라는 것이 내 조언입니다."

그것이 지금 내가 하고 있는 일이다. 지켜보는 일. 하지만 기다리지는 않는다. 나는 언제일지 모르지만 죽을 것이고, 죽음은 모든 삶

에 불가피하다는 사실이 나를 병원에서 집으로 돌아오게 만들었다.

처음에는 한쪽 귀가 들리지 않아 병원을 찾아간 것이었다. MRI를 찍었고 뇌종양 진단을 받게 되었다. 뇌종양 진단을 받은 날, 나는 충격에 휩싸여 병원을 나왔다. 스타벅스가 보였다. 죽어가는 사람이 마지막 식사를 하는 심정으로 나는 '마지막 라떼'를 즐기겠다고 스스로에게 말하고 있었다.

가게로 들어가, 커피를 집어 들고 테이블을 찾았다. 가게 안을 서성이다가 우연히인생에서 대부분의 일은 이렇게 우연히 일어난다 '직원 채용 이벤트' 광고가 눈에 들어왔다. 나는 어디 누구 도와줄 사람이 없는가 찾는 듯한 그 매장의 매니저 옆에 우연히 앉게 되었다. 젊은 아프리카계 미국인 여성인 그녀가 나를 쳐다보며 물었다. "혹시 직업을 구하세요?" 나는 아무 생각 없이 바로 대답했다. "네!"

내가 곧 죽을지도 모르는 뇌종양 진단을 받지 않았다면, 나는 결코 "네"라고 말하지 못했을 것이다. 나는 새로운 삶의 기회를 찾기 위해 필사적이었고, 주저 없이 새로운 일을 향해 도약하고 싶었다.

그 도약을 통해서 나는 이전에 알지 못했던 너 큰 행복을 주는 완전히 새로운 세상을 만나게 되었다. 다른 사람들에게 커피를 갖다주거나 화장실을 청소하는 단순한 행동이 이전의 높은 지위의 직업보다 훨씬 더 큰 만족감을 가져다줄 줄이야! 예전 같으면 결코 믿지 못했을 것이다. 나는 줄무늬 양복과 개인 집무실을 녹색 앞치마와 빗자루로 바꿨음에도 불구하고, 그 어느 때보다도 행복했다.

이 놀라운 경험에 대해 쓴 책이 바로《땡큐! 스타벅스*How Starbucks Saved My Life*》이다. 이 책은《뉴욕타임스》베스트셀러가 되었으며, 현재 전 세계 20개 언어로 번역, 출간되었다. 나는 다른 사람들도 나와 같이 새로운 삶으로 도약하길 바라며 그들을 돕기 위해 이 책을 썼지만, 사실 내가 죽음에 임박하지 않았더라면 쓰지 못했을 것이다.

뇌종양 진단을 받은 이후로 나는 '죽음과 함께' 살았다고 해도 과언이 아니다. 그것이 삶과 사랑을 향해 높은 곳으로 도약하는 데 도움이 되었다. 나는 더 이상 사랑하는 이들과 사랑하는 일이 다가오기를 기다리지 않을 것이다.

나는 오늘 바다 옆을 걸을 것이다. 나에게 그 시간은 생生과 사死가 무엇인지 아무 상관도 없게 느껴지는, 너무나 호젓하고 평화로운 시간이다.

오늘 아침에는 사랑하는 여인과 병원에 가야 하기 때문에 바다 산책은 오후에 하게 될 것이다. 사랑하는 클레어는 최근 림프종 진단을 받았다. 치료 가능한 암이라고는 하지만 클레어가 화학 치료를 받는 동안 나는 그 옆에 앉아 우리에게 다시금 엄습해오는 죽음의 그림자를 느꼈다. 뇌종양과 암은 질병의 증상이기도 하지만, 우리 모두가 죽음을 대면하면서 느끼는 피할 수 없는 정신적인 충격이기도 하다. 하지만 그것은 우리가 인생의 가장 중요한 부분에 집중하는 데 도움을 주기도 한다. 불행하게도, 나는 내 인생의 대부분을 많은 사람들처럼 내가 원하는 대로 살지 못했다. 광고 대행사에서 무려 26년 동안 수천 번의 회의를 하며 보냈으나, 지금 그 회의 중 단 하나도 기억이 안 난다는 게 놀라울 따름이다!

클레어의 암과 나의 뇌종양은 죽음이 추상적인 방식으로 불가피할 뿐만 아니라 실제적으로도 매우 가깝다는 것을 인정하도록 만든다. 그리고 죽음의 모닝콜은 우리 인생에 가장 중요한 변화를 만든다.

클레어의 진단과 죽음의 현실이 가까워진 이후, 우리는 오래된 터전을 뒤로하고 곧바로 이사했다. 웨스트 코스트에 사는 클레어의 아이들과 손주들 근처에 살기 위해 우리의 집과 차와 '물건'을 우리가 살던 이스트 코스트에 고스란히 두고 왔다. 클레어가 사랑하는 사람들, 사랑했던 장소를 찾기 위해서라면 갖고 있던 모든 '물건'은 더 이상 중요하지 않았다. 이렇게 죽음에 대한 감각이 살아 있을 때는 늘 긍정적이고 극적인 행동을 취했던 것 같다.

오늘 이 자리에서 여러분에게 드리는 나의 조언은 다음과 같다. 나는 죽음을 환영한다. 죽음은 우리 모두의 친구가 될 수 있다. 가장 친한 친구가 당신이 듣고 싶지 않은 충고를 기어이 하지 않던가. 얼마나 많은 사람들이 지금 이 시간이 우리가 살 수 있는 유일한 순간이라는 사실을 잊은 채 쫓기듯 살아가고 있는가. 우리는 사막에서 향기를 내뿜는 꽃도 반드시 죽게 된다는 사실을 알고 있지만, 같은 푸른 하늘 아래 꽃과 같이 연약한 우리 자신의 죽음에 대해서는 애써 외면하고 무시하며 살아간다. 푸른 저 하늘은 그동안 많은 창조물들의 생사를 생생하게 목격해왔을 것이다. 그런데도 우리는 삶에서 쉼을 갖지 못하고 계속해서 바쁘게 돌아다닌다. 우리는 우리가 별 먼지의 일부이고 별도 결국 죽는다는 사실을 알고 있지만, 이 사실을 직시하지 못한 채 불편한 진실 뒤에 숨어든다. 우리의 마음은 바쁘고 불안하고 걱정으로 가득 차 있으며, 우리가 획득했지만 실제로는 하나도 중요하지 않은 '물건'에 대한 생각만으로 마음이 분주하다. 인생을 너무 빨리 달려가다 보니, 우리가 별과 꽃을 좋아한다는 사실과 모든 생명체는 반드시 꽃을 피울 때가 있고 죽을 때가 있다는 사실을 놓치며 살아간다. 우리가 선택하여 태어난 것이 아니듯 죽음도 우리의 선택이 아님을 기억해야 한다. 우리는 우리의 자연스러운 마지막을 무시해선 안 된다. 죽음을 친구로 맞이해야 한다. 바닷가를 거닐다 보면 저 멀리 태양에 반짝이는 파도 하나하나가 장엄함을 자랑하는 게 보인다. 파도가 최대 높이로 상승한 다음, 해안에 부딪혀 모래 속으로 점점 사라지는 것을 가만히 지켜보게 된다. 우리는 저 파도처럼 솟아올라 빛날 수 있다. 파도가 곧 해안에 부딪혀 더 이상 존재하지 않을 거란 순간까지도 포용한다면 더더욱 찬란하게 빛날 수 있다. 이것은 슬픈 운명이 아니라 기념할 일이 아니겠는가! 파도가 치솟은 후 해안에 부딪힐 때, 그것을 맨발로 느껴본 적이 있는가? 우리의 삶과 노래, 그리고 우리가 살아오면서 해온 모든 것^{짧은 생애든 긴 생애든}은 이 땅에 어떤 식으로든 기록되고 추가되었을 것이다. 따라서 죽음은 우리에게 이 짧은 삶의 순간이 이 땅의 영원한 일부임을 상기시켜주는 진정한 친구이다.

우리가 언제 세상을 떠날지는 아무도 모른다. 이 순간에 우리가 살아 있다는 사실만이 우리가 알 수 있는 전부이다. 그래서 나의 조언은 매 순간을 마지막 순간처럼 살라는 것이다. 노래하기 위해 사는 것처럼, 사랑하기 위해 사는 것처럼, 보기 위해 사는 것처럼, 쓰기 위해 사는 것처럼, 뛰기 위해 사는 것처럼, 웃기 위해 사는 것처럼…… 그렇게 모든 순간을 뜨겁게 살아라. 그리고 나를 돕기 위해 최선을 다해준 오랜 친구처럼 죽음을 따뜻하게 안아주길 바란다. 셰익스피어Shakespeare가 말했듯이 우리의 마지막 "필멸의 고리를 끊을 때"까지, 우리가 죽음의 가능성에 대해 진단하는 행위는 인생의 매 순간을 최대치로 사는 데 분명히 도움이 되어줄 것이다.

거대한 산과 바위가 수백만 년에 걸쳐 작은 모래가 되어 바다로 돌아가듯이, 우리도 죽으면 땅으로 돌아가 영원한 생명 순환의 일부가 된다. 그래서 결국 우리는 과거에도 있었고 앞으로도 있을 모든 것의 일부라고 할 수 있다. 우리는 사후에, 꽃과 모든 창조물처럼 육지와 바다의 원자와 세포로 돌아갈 것이다.

죽음에게 "안녕!" 하고 환영의 인사를 건네보자. 죽음은 이 비극적인 희극을 상기시켜주는 소중한 우리의 친구다. 하고 싶은 일을 하지 않고 흘려보내는 시간이 없기를. 자신이 존재하는 이유를 잘 아는 사람이라면 어떻게 살아야 하는지도 잘 알 수 있을 것이다.

보이지 않는 것을 본다는 것

닉 쿠니_ 벤처캐피털 Lever VC의 설립자 겸 대표

1824년 미국 남부 찰스턴의 담배 농부인 캘빈 홀은 임종을 앞두고 아내에게 마지막 편지를 썼다.

예비 과부, 사랑하는 로이스에게.

편지의 대부분은 그녀를 향한 그의 사랑과 그녀와 함께한 삶에 대한 찬미에 초점이 맞추어져 있었다. 또한 그가 실패한 것들에 대한 사과도 눈물 자국으로 범벅이 되어 있었다. 9개월 간의 외도, 알코올중독, 가족들의 저축을 날렸던 도박중독, 그리고 정기적으로 아내와 함께 교회에 참석하지 않았던 점 등등. 이러한 실패에 대한 죄책감은 홀의 어깨에 몇 년 동안 무거운 짐처럼 매달려 있었고, 때때로 한 인간으로서 자신의 선함에 의문을 품게 만들었다. 그 편지를 통해 최종적으로 되돌아본 그의 삶의 윤리적 밑바닥에는 본인이 나

열한 그런 식의 잘못들로 채워져 있었다.

하지만 홀이 그의 인생에서 손꼽은 여러 실패와 사과의 항목에는 크게 두 가지가 빠져 있었다. 첫째, 그는 노예 소유주라는 점이었다. 죽을 때 그에게는 30명이 넘는 노예가 있었는데, 그들은 거대한 농장에서 담배를 재배, 수확하는 일과 주인 가족을 위한 가정일을 담당하고 있었다. 만약 홀의 명령에 불복종하거나 탈출을 시도하면 노예들은 몇 주 동안 무자비한 구타에 시달리며 쇠사슬에 묶여 있어야만 했다.

둘째, 그가 두 딸이 일상에서 사소한 부주의를 저질렀을 때도 나무 막대기로 체벌했다는 점이다. 게다가 남성만 정규교육을 받아야 한다고 믿는 칼빈교를 따라, 딸들을 학교에 보내지 않고 6살 때부터 하루 종일 일을 시켰다. 그리고 그 딸들은 13살 때, 돈에 팔려가 자기 나이의 두 배가 넘는 남자들과 결혼하고 임신하게 되었다.

이러한 사실은 홀의 편지에서 의도적으로 누락된 것이 아니었다. 그가 너무 부끄러워서 인정하지 못하거나 다른 사람들이 알게 될까봐 두려워서 빠뜨린 것도 아니었다. 정반대로, 홀은 이러한 일에 대해 어떠한 죄책감도 느끼지 않았고 후회할 만한 일이라고 생각하지 않았기에 언급하지 않았던 것이다. 그러한 일들은 홀이 살았던 시대와 장소에서는 모두에게 완벽하게 상식적인 것이었고, 지역 사회와 종교에서도 승인하는 것이었으며, 정부에서조차 합법적인 것으로 인정해주는 사항이었기 때문이다.

오늘날 홀의 편지를 읽고 그의 삶을 묵상하는 사람들은 그의 자칭 실패들죄책감을 불러일으키고 자신의 가치에 의문을 제기하게 만드는 일을 인간의 노예화와 가정 학대에 비하면 하찮은 것으로 여길 것이다. 그러나 홀과 그 시대의 사람들에게 노예와 자녀들에 대한 그런 식의 행동은 '보이지 않는 윤리 문제'였고 일상적으로 받아들여지는 것이었기 때문에, 그것들로 인한 엄청난 피해는 그의 윤리적 레이더망에 전혀 잡히지 않았다. 그의 윤리적 잣대는 그의 행동이 타인에게 얼마나 많은 고통을 초래했는가가 아니라, 그의 행동이 지역 사회의 사회적 관습과 얼마나 일치했는가 또는 불일치했는가에 따라 결정되는 것이었다.

노예들과 자기 딸들에게 심각한 피해를 입힌 것에 대해 홀을 비난하기는 쉽다. 아니 비난받아 마땅하다. 그러나 우리는 스스로 거울 앞에 서서 질문해야 한다. 우리는, 우리에게는 보이지 않지만 다른 존재에게 윤리적으로 큰 고통을 준 적이 없었을까?

몇 년 전, 《워싱턴 포스트》는 독자들에게 비슷한 질문으로 설문 조사를 실시했다. "40년 후, 우리 후세들이 우리를 비난할 이유가 무엇이라고 생각합니까?" 이에 대한 가장 일반적인 대답은, 우리가 단지 먹겠다는 이유로 우리와 지구를 공유하고 있는 다른 종을 키우고 죽이는 것에 대한 우리의 잔인한 태도였다.

오늘날, 산업화된 국가에서 식용으로 길러지는 거의 모든 동물들은 작은 새장, 상자 또는 비좁은 헛간에 갇힌 채 생을 보낸다. 그들은 햇빛, 신선한 공기, 모든 종류의 자연생활이 박탈된 채, 가능한 한 빨리 자라도록 유전적으로 조작된 비정상적인 성장으로 인해 심장마비, 전신 화상, 절름발이 등의 질병을 겪는다. 도살 시점까지 살아남은 동물들은 일반적으로 의식이 있고 고통을 느낄 수 있는 상태에서 죽음을 경험한다. 이 끔찍한 고통이 우리가 키우는 개와 고양이와 별반 다르지 않은 개별적인 생명들, 즉 우리와 같이 신체적, 정신적으로 고통을 느낄 수 있는 개별 존재들에게 수행된다는 점이 우리를 참담하게 만든다.

요즘은 사회적 분위기가 많이 바뀌긴 했지만, 여전히 대부분의 사람들에게 먹는 행위란 윤리적인 행위와 동떨어진 것으로 간주된다. 그것은 단지 미각의 문제로만 귀결되며 우리는 우리의 미각을 기쁘게 하는 것에 탐닉한다. 지구상의 다른 종에 대한 우리의 대우가 정상으로 받아들여지고 합법적으로 성문화되어 있으며 대부분의 주요 종교에서도 별문제 없이 승인되고 있는 이 판국에, 지금으로부터 수십 년 또는 수백 년 후, 우리의 후손들은 우리가 현재 캘빈 홀을 바라보는 것과 같은 윤리적 반감을 가지고 우리 시대와 우리의 문제, 우리의 결정들을 되돌아볼지 모른다. 이탈리아 르네상스 시대의 화가 레오나르도 다 빈치는 수백 년 전에 이렇게 예언했다. "나 같은 사람이 현재 인간의 살인에 대해 생각하는 것처럼, 동물의 살해에 대해서도 똑같이 생각할 미래가 올 것이다."

나는 여기에서, 캘빈 홀과 그의 마지막 편지가 나의 메시지를 효과적으로 전달하기 위한 허구적 장치였음을 고백한다. 그러나 여러분이 취하는 행동과 그것이 주변 세계에 미치는 결과는 분명 실제이고 현실이다.

마지막으로 한 가지 교훈을 여러분과 공유할 수 있다면 그것은 윤리적으로 보이지 않는 문제를 찾아 보이게 만들고, 그에 따라 행동해야 한다는 것이다.

여러분이 좋은 사람인지 나쁜 사람인지를 어떻게 알 수 있겠는가? 캘빈 홀의 경우와 마찬가지로, 여러분의 마음속에 있는 자신의 잘못이란 것도, 실은 세상에 극적으로 많은 고통을 야기하거나 허용하거나 예방하지 못한 행위가 아니라 오히려 극히 소소한 것의 목록일 가능성이 크다. 우리와 다른 종, 특히 식용을 위해 기르고 도살되는 종에 대한 우리의 대우가 그 한 사례이다. 계속해서 다른 두 가지에 대해서도 나누어보자.

전前 사제이자 사회정의의 옹호자인 찰리 맥카시Charlie McCarthy는 "사랑의 반대는 미움이 아닙니다. 그것은 무관심입니다"라고 말했다. 우리는 세상 어딘가에 큰 고통이 존재한다는 걸 알고 있고, 하나, 수십, 수백… 개체의 일부나 전체의 고통을 우리가 완화해주거나 끝낼 수 있는 능력도 가지고 있다는 걸 안다. 우리는 자원봉사를 하고 변화를 위한 다른 행동을 취함으로써 판도를 바꿀 수 있다. 취약계층의 사람들과 시간을 보내고, 아픈 사람들이 필요한 치료를 받도록 돕고, 더 나은 정책을 제정하도록 회사와 입법자들에게 촉구할 수도 있다.

그러나 이러한 종류의 일에 많은 시간을 보내는 사람은 거의 없다. 우리 대부분은 우리를 즐겁게 하는 취미와 활동에 거의 모든 자유 시간을 보내고 있고, 사실 이러한 활동은 누구에게도 직접적인 해를 끼치지 않는다. 그러나 거의 모든 시간을 우리 자신에게 집중하기로 선택한다는 것은 우리의 도움이 필요한 다른 사람들을_{어디에서} _{든 몇 시간이든} 돕지 않기로 선택한다는 것을 의미한다. 물론 우리 중 누구도 완벽하지 않으며, 깨어 있는 모든 시간을 남을 위해 쓸 수도 없다. 그러나 거의 모든 자유 시간을 우리 자신에게만 집중한다면 세상 어느 한구석에서 일어나고 있는 큰 불행, 즉 우리가 조금만 노력하면 막을 수 있는 불행도 계속 묵인하고 허용하는 꼴이 된다.

이것은 고난 앞에서의 무관심이다. 그러나 그것은 사회에서 완전히 정상적인 것으로 받아들여지고, 합법적인 것으로 되어 있으며, 적어도 일반적이고도 암묵적인 방식으로 대부분의 종교에서 승인된다. 세상의 고통에 대한 무관심은 보이지 않는 윤리적 선택이다. 자신의 밤 시간과 주말을 윤리적인 결정을 통해 좋은 일을 하며 보내고자 하는 사람은 별로 많지 않다. 그러나 그 결정은 일반적으로 생각하는 것보다 훨씬 더 많은 세상의 고통을 예방할 수 있으며, 우리가 진정 좋은 사람인지 아닌지를 알 수 있게 해준다.

여기에 오늘날 윤리적으로 크게 눈에 띄지는 않지만, 우리 주변 세계에 큰 영향을 미치는 결정에 대한 마지막_{그리고 밀접하게 관련된} 사례가 있다.

아주 오래전 유럽에 부유한 나라, 부유한 왕이 통치하는 작은 왕국이 있었다. 그와 그의 가족은 따뜻하고 잘 꾸며진 궁전에서 끝없이 공급되는 고급진 음식으로 호의호식하며 살았고, 왕궁 바로 바깥에서는 수백 명의 농민이 극심한 빈곤으로 굶어 죽어가고 있었다.

여러분은 그 왕에 대해 어떻게 생각하는가? 그는 좋은 사람인가? 그는 옳은 일을 했는가? 당신이 왕의 자리에 있었다면 다르게 행동했을까?

대부분의 사람들은 그런 왕을 경멸할 것이다. "나라면 절대 그렇게 하지 않았을 것"이라고 스스로에게 말할지도 모른다. 그러나 오늘날 선진국에 사는 우리 모두는 그 왕과 같은 상황에 직면해 있다. 우리는 상대적으로 충분한 식량과 우리가 필요로 하는 것보다 더 많은 돈으로 안락함을 누리며 살고 있는 반면, 세계 곳곳에서는 수백만 명의 사람들이 극심한 빈곤 속에서 굶어 죽어가고 있다. 왕의 이야기와 우리 현실 사이의 유일한 차이점이라면 오늘날에는 다수의 왕이 있고많은 사람들이 우리와 같거나 더 큰 부를 갖고 있다, 오늘날의 굶주린 농민들은 더 멀리아마도 대륙보다 훨씬 떨어져 있는 거리에 살고 있다는 점뿐일 것이다. 그렇다고 해서 우리가 마땅히 해야 할 옳은 일이 변하지는 않는다.

그럼에도 불구하고, 우리 대부분은 윤리적인 결정에 돈을 쓰지 않는다. 더 큰 집이나 멋진 새 차를 사는 것은 윤리적인 결정이 아니고 소비적인 선택이다그리고 그것은 일반적으로 성취의 개념으로 칭찬받는다. 우리가 우리 자신의 행복을 높이는 데 거의 모든 돈을 쓸 수 있고 또 써야 한다는 생각은 사회에서 정상적인 것으로 받아들여지고 합법적으로 여겨지고 있으며 대부분의 사람들에게, 심지어 세계의 종교일부의 우리가 돈을 어떻게 사용하는가는 보이지 않는 윤리이다. 극한 상황을 제외하고는 그것을 좋거나 나쁘게 보는 관점을 취하는 사람이 거의 없다. 그러나 우리가 돈을 어떻게 사용하느냐가 우리가 일생 동안 취하는 다른 어떤 행동보다도 더 크고 많은 의미 있는 일들을 할 수 있게 만든다.

요점은, 우리가 행복한 삶happy life을 추구할 뿐만 아니라 '좋은 삶good life'을 선택하자는 것이다. 우리가 좋은 사람이고 세상을 더 나은 곳으로 만들고 싶다면, 하늘에 드론을 띄워 세상을 보는 듯한 조감도의 시각을 가져야 한다. 우리가 살고 있는 시간과 장소의 편협함과 편견에서 벗어나 드넓고 자유로운 관점이 필요하다. 우리의 행동이 현재의 사회적 기준에 의해 받아들여지는지에 초점을 맞추기보다는 우리의 행동으로 인해 불필요한 고통을 얼마나 유발하고 허용하거나, 반대로 방지할 수 있는가에 집중해야 한다. 캘빈 홀이 이런 생각을 할 줄 알았다면, 그의 딸들과 수십 명의 노예들의 삶은 매우 달라졌을 것이다.

사실은 우리가 삶에서 내리는 '가장 중요한 윤리적 결정' 중 많은 부분이, '보이지 않는 윤리적 문제'이다. 내가 말한 세 가지 사례는 우리가 어떻게 다른 종을 대해야 하는가, 어떻게 시간을 사용해야 하는가, 어떻게 돈을 사용해야 하는가에 대한 메시지였다. 물론 이 세 가지 외에도 정말로 많은 것들이 더 논의될 수 있다.

우리가 진정으로, 행복할 뿐만 아니라 좋은 삶도 살고 싶다면, 보이지 않는 윤리 문제를 보이게 만들고 그것에 대해 행동함으로써 더욱 크게, 더욱 잘 보이게 만들어야 할 것이다.

24강

우리는 왜 항상
행복하지 않을까

폴 작_ 신경경제학연구센터 창립자이자 클레어몬트대학원의
경제학·심리학 교수

자연과 동물은 자신이 행복한지에 대해 관심이 없다. 하지만 인간은 행복을 우선시한다. 왜 그러는 걸까?

우리의 뇌는 우리의 유전자를 다음 세대로 전달하는 행동에 대하여 보상을 해주는데, 그것은 먹고, 에너지를 얻고, 생산하는 능력으로 나타난다. 우리 연구실에서 수행한 신경과학 연구는 우리가 다른 사람들을 배려와 친절로 대할 때, 우리의 뇌도 보상을 받는다는 것을 보여주었다. 음식이나 섹스는 우리의 뇌와 몸을 활성화시키는 원초적인 보상인 반면, 다른 사람을 돌보는 것의 보상은 우리를 진정시키는 효과로 나타난다. 이것은 내 전문 분야인 옥시토신oxytocin이라는 뇌 화학물질의 생산을 통해 일어난다.

사랑하는 사람부터 완전히 낯선 사람에 이르기까지, 다른 사람들과의 긍정적인 사회적 상호작용은 일반적으로 뇌에서 옥시토신을 생성시키고, 이로 인해 일련의 유익한 효과가 시작된다. 보람을 느끼게 해주는 것이 일차적인 효과이고, 심장을 느리게 뛰게 하고 혈압을 낮추며 면역 체계의 기능을 향상시키기도 한다. 다른 사람을 돌봄으로써 결국 우리 자신도 돌보게 되는 일거양득인 셈이다.

옥시토신에 의해 활성화된 뇌의 연결구조는, 사회적 동물인 인간이 점진적으로 우리의 맡은 바 책임을 이행해나가기 위해서 사회가 필요하다 집단 안에서 인간다움을 유지할 수 있게 동기를 부여해주는 자연의 방법이자 선물이다. 자연은 우리가 선행을 하면 기분이 좋아지게 만든다. 이것은 이 시대가 필요로 하는 시대정신의 중요한 요소가 될 수 있으며, 매우 효과적인 뉴스가 아닐 수 없다.

그렇다면 우리는 왜 항상 행복하지 않을까? 우리 실험실의 연구 결과에 따르면, 많은 요인이 옥시토신의 분비와 그에 따른 이타적 반응들을 억제시키고, 여기에는 테스토스테론과 에피네프린더 친숙하게는 아드레날린이라고 한다 등의 신경화학물질의 급증을 동반한 여러 스트레스 상황이 포함된다. 이런 상황이 되면 인간은 본인의 생존만을 위하게 될 뿐, 타인에 대한 배려에는 둔감해진다. 이것은 이기적이거나 공격적인 행동으로 나타나며 이러한 행동을 보이는 사람을 우리는 "나쁘다"라고 말할 수 있다. 지속적으로 나쁜 행동을 하는 일부의 사람들아마도 인구의 2% 정도가 되겠지만도 있지만, 우리가 관찰하는 나쁜 행동의 대부분은 선천적이라기보다는, 어쩌면 나쁜 하루를 보내고 있거나 어려운 상황에 처한 사람들일 가능성이 높다.

이러한 신경학적 통찰력은 사람들을 정죄하기보다는 연민으로 대해야 한다는 것을 의미한다. 당분간은 그 사람이 주변 사람들과 소통이 불가능할 수도 있다는 것을 이해해야 한다. 하지만 인간관계의 소원함은 그들의 즐거움을 감소시키고 더 많은 스트레스를 유발할 수 있다. 스트레스는 사람을 이상하게 만든다. 사람이 24시간 내내 지속적으로 친절할 수는 없다 해도 대개의 경우에는 연민에 대하여 친절하고 긍정적인 반응을 보인다. 연민에 전혀 반응하지 않을 만큼 인격의 손상을 가진 사람은 거의 없다있다면, 사이코패스 특성을 가진 2%에 속한다.

지금부터가 중요하다. 우리는 행복을 조절할 수 있지만, 그것은 긍정적인 확언이나 좋은 태도를 통해서가 아니라이것이 상처가 될 리는 없지만 주변 사람들에게 친절을 베풀기로 결정하고 우리의 뇌가 옥시토신을 생성하게 함으로써 가능하다. 당신이 친절로 대하면 일반적으로 상대방도 친절하게 반응할 것이고, 그러면 당신의 뇌가 옥시토신을 만든다. 뇌가 옥시토신을 한번 만들면 20~30분 동안 활성 상태를 유지한다. 이것은 단 한 번의 친절로도 당신과 그 사람이 앞으로 최소 30분 동안은 더 침착하고 더 행복하며 더 건강해질 것임을 의미한다. 그러면 그다음에 만나는 사람을 또 친절하게 대하고, 또 그다음 사람을 친절하게 대하고…… 옥시토신이 계속 흐르도록 만드는 행복 바이러스의 선순환이 이어지는 것이다.

여기, 더 좋은 소식이 있다. 여러분이 다른 사람을 만났을 때 옥시토신을 생산하도록 자신을 훈련하면 뇌가 알아서 친절을 기본 행동으로 설정하기 시작한다는 사실이다. 충분히 연습하면 다른 사람들과 상호작용을 할 때 많은 양의 옥시토신을 방출하는 '옥시토신의 마스터'가 될 수 있다. 나는 항상 기뻐하는 성격의 사람들과 매우 사교적인 사람들에게서 이런 현상을 볼 때가 많다. 티베트의 지도자 달라이 라마와 나의 지인인 쟈니 승려, 대학 동창이자 은퇴한 침례교 목사 레온과 같은 사람들이 대표적인 사람들이다. 그들은 모두 선을 발산하고 이것을 다른 사람들에게 전하는 삶을 산다. 그들은 낯선 사람들과도 쉽고 깊게 연결된다. 옥시토신의 마스터들인 것이다.

그러면 행복을 어떻게 조절할 것인가? 가장 쉬운 일은 사람들과 이야기하는 것이다. 아주 쉬운 적용법으로는, 엘리베이터에서 인사를 하고, 미소를 짓는 등 작은 행복을 만드는 것이다. 그 행복은 내게로 되돌아온다. 이것을 일반화하여 나는 '러브 플러스Love+'라고 부른다. 나는 내가 가진 모든 상호작용 속에서 사랑을 만들어 이 세상에 사랑의 총량을 더해가기를 원한다. 이것은 옥시토신이 흐르게 하고 친절과 배려의 선순환을 유지하게 한다. 먼저 우리는 다른 사람들과 연결되기 위해 노력해야 한다. 단, 우리의 행동이 우리 영역에 있는 사람들에게 어떤 영향을 미치는가를 인식하며 행동해야 한다.

이것은 가족, 친구, 동료와는 하기 쉬운 일이지만 방금 만난 낯선 사람들에게 하기에는 어려운 면이 있다. 그래서 내가 생각해낸 묘안은 모든 대화에 '서비스봉사'의 의미를 주입하는 것이다. 나는 상대방에게 자주 "당신에게 도움이 되고 싶습니다. 방법을 알려주세요"라고 말한다. 방금 만난 서먹한 사이라면 상대방이 종종 당황하기도 하지만, 적어도 나의 열정이 느껴져 좋은 느낌을 받는다고 사람들은 웃으며 말한다. 그리고 나는 당연히 그 말을 지키려고 노력한다. 그렇게 함으로써 나는 얼마나 많은 타인과의 멋진 연결과 친구와 협력자를 만들었는지 모른다. 대화가 끝난 후 설령 지속적인 관계가 유지되지 않더라도, 나의 러브 플러스 규칙은 성공적으로 시행되었으니 그걸로 된 것이다.

사람들과 소통하는 가장 쉽고 재미있는 방법은 '포옹'이다. 사람들을 만날 때, 상대방이 악수를 하려고 손을 내밀면, 나는 두 팔을 벌려 안아주겠다고 선언 아닌 선언을 한다. 그러면 거의 모든 사람이 기꺼이 안겨주고, 또 나를 안아준다. 내 연구에 따르면, 포옹은 옥시토신을 방출하여 포옹하는 사람과의 즉각적인 관계 형성에 기여한다.

나는 당신이 뇌가 작동하는 방식을 해킹하여 더 행복해질 수 있기를 바란다. 당신은 세상에 사랑을 더하고, 다른 사람들에게 봉사하고, 사람들을 포옹함으로써 훌륭한 뇌 해커가 될 수 있다. 이 접근 방식은 뇌의 옥시토신을 동원하여 내가 다른 사람과 연결되고 그 사람은 나와 연결되는, 사람과 사람 사이에 친절이라는 미덕이 끊임없이 오가며 흐르는 선순환을 만든다. 이렇게까지 온 우주와 대자연은 당신이 행복해지도록 돕고 있음을 기억하라.

미래학자로서 내가
인생에서 뽑아먹은 것들

리처드 왓슨_ 세계 3대 미래학자로 꼽히는 미래학의 거장

인간에게는 무언가를 남기고 싶어 하는 보편적인 욕구가 있다. 우리가 한때 여기에 머물렀다는 것을 우리 자신과 다른 사람들에게 증명하는 것, 그것을 유산이라고 말할 수 있을 것이다. 나의 희망이 먼 훗날 누군가에게 발견되어 우연히라도 사용될 수 있기를 바란다.

나는 살아있는 지금까지 무엇을 배웠던 걸까. 나는 다음 세대에게 어떤 생각과 관찰, 아이디어를 전할 수 있을까.

내가 배운 가장 확실한 한 가지는 바로 당신과 나, 우리 모두가 유한하다는 사실이다.

모든 것은 영원할 수 없다. 우리는 때때로, 특히 젊었을 때, 우리를 에워싼 많은 것들이 영원할 것만 같다. 그러나 나이가 들어 깨닫

게 된다. 불멸은 순수한 환상이며, 의식이 있는 인간의 두뇌를 다운로드하려는 억만장자와 과학자들의 집착도 다 헛되다는 것을.

인생은 양이 아니라 질이 중요하다. 유한한 시간 속에서 양과 질 모두를 달성하는 것이 이상적이기는 하지만, 단순히 얼마나 오래 사는가보다 어떻게 잘 사는가에 초점을 맞춰야 한다. 그러므로 하루하루를 현명하고 의미 있게 보내며 모든 감각을 충분히 사용해야 한다. 때때로 시간과 감각을 낭비하는 것이 좋을 때도 있다. 실제로 우리가 아무것도 하지 않는 날에 예상치 못하게 중요한 일이 생기는 경우가 있고, 일상적인 일을 없애는 것또는 일시적으로 감각의 일부를 없애는 것이 우리가 진정한 자아와 더 완전히 연결될 수 있다는 것을 의미할 때도 있다. 특히 지루함은 우리를 명확성과 창의성으로 인도하는 관문이 되어주기도 한다.

그러나 요즘은 아주 잠깐 전원을 끄거나, 아무것도 하지 않거나, 1초라도 멍하게 있는 것이 참으로 힘든 세상이다. 우리에게 화면을 끊임없이 보여주려고 의도적으로 설계된 응용 프로그램과 디지털 장치 등으로 인해 우리의 의식은 가상의 세계를 돌아다니며 계속해서 주의가 산만해지는 걸 느낀다. 이러한 장치들은 우리가 자신에 대해 성찰할 기회를 빼앗아갈 뿐만 아니라 삶에 대한 친밀함도 앗아간다.

물론 모든 사람이 자신의 진정한 자아와 연결되기를 원하는 것은 아니다. 우리가 미친 듯이 바쁘게 움직이는 것을 멈추면, 우리가 무엇을 하고 있고 어디로 가고 있는지에 대해 자각하게 되는데, 이것이 어떤 사람들에게는 원치 않는 끔찍함일 수도 있다. 자각은 나이가 들수록 더 자주 발생하는 경향이 있다. 살면서 내가 무엇을 이루었는가에 대해 진지하게 생각하게 되고, 그 대답이 자신을 실망스럽고 우울하게 만들 수 있으며, 인생 자체가 크게 의미가 없으며 허무하다는 결론에 도달할 수도 있다.

이런 무기력이나 우울감이 찾아올 때, 쓸모 있는 치료법을 소개하겠다.

별이 가득한 밤하늘을 강렬하게 쳐다보거나, 오랜 시간을 견뎌온 인류의 위대한 창조물이나 유산을 자세히 관찰해보면, 우리의 가슴은 인간 존재의 연속성에 대한 감격으로 벅차오르게 된다. 누구에게는 광대한 공간이 자신의 하찮음을 불러일으키고 또 누구에게는 수천 년 전에 우리 조상이 만든 물건이 세월의 덧없음을 강조한다고 말하지만, 나는 오히려 그 반대라고 생각한다.

우리는 고대의 유물들과 광대한 유적지 등을 통해, 우리 자신의 삶이 지금까지 존재했던 앞서간 모든 이들의 삶과 연결되어 있음을 느낀다. 그 당시의 목적의식과 시간의 힘마저 전해진다. 이것이 말도 안 되고 별것 아니라고 말하는 사람들도 있겠지만, 나는 동의할 수 없다. 모든 것이 그 안에 있으며, 그 안에 인류의 정수精髓가 있다.

내가 알게 된 또 다른 사실은, 우리 대다수가 우리 인생의 중요한 선택이 꽤 논리적이었다고 자신하며 우리의 삶이 앞으로 전진하고 있다고 믿는다는 점이다. 하지만 현실은 그렇지 않을 때가 많다. 아마 노년이 되어 인생을 되돌아볼 시간이 많아서 그런 느낌을 갖게 되는 것 같기도 하다. 인생이란 "우리가 정작 다른 계획을 세우느라 바쁠 때 일어나는 일"이라고 존 레논이 말했던가. 그의 말이 옳다.

우리의 삶은 실험의 연속이며, 그것도 대부분 실패하는 실험들이다. 중요한 것은, 이러한 실험의 직접적인 결과로 우리에게 무슨 일이 일어나는가가 아니라, 실험의 실패와 실망감을 어떻게 다루는가에 있다. 우리는 모두 패배를 안고 살아간다. 세계적인 음유시인, 레너드 코헨Leonard Cohen의 인생 매뉴얼에 관한 노래와 가사를 한번 음미해보길 권한다.

인생은 직선이라기보다는 일련의 전진과 후퇴를 반복하는 움직임이며, 종종 특정한 도착점이나 명확한 목표가 보이지 않을 때가 많다. 실제로 최종 목적지는 여정을 완료한 후에야 보이거나 비로소 이해할 수 있게 된다.

그래서 우습게도, 인생의 비결은 단순히 그저 '계속하는 것'에 있다. 마침내 원하는 것을 발견할 때까지 에너지나 열정을 잃지 말고 끝없이 실험하라. 언제나 호기심을 유지하고 어떠한 결과에도 당황하지 않기를 바란다. 설령 20세나 30세 또는 40세에도 원하는 것을 찾지 못했다면 그 후에도 계속 찾아나서라. 나는 개인적으로 40세의 나이가 훨씬 넘을 때까지 내가 무엇을 잘하고 무엇을 가장 즐겨하는지를 알지 못했다. 찾기 위해서 너무 조급해할 필요는 없다.

인생이 계획되지 않은 방식으로 흘러가는 것처럼, 인생의 가장 큰 문제도 예고 없이 찾아온다. 우리에게 닥치는 큰 도전의 대부분은 친절한 예고편도 없이 가장 기대하지 않은 순간에 갑자기 나타난다. 이 피할 수 없는 운명을 잘 다루는 법을 배우고, 머리와 마음으로 함께 반응하며 직관을 사용해야 한다. 평소 우리의 직관은 다소 무시되는 경향이 있는데, 실로 적합한 때에 믿을 만한 작용을 보일 때가 많다.

그러므로 우연과 행운을 과소평가하지 말고, 더 많이 시도하고 더 열심히 일할수록 행운이 찾아올 가능성이 높다고 생각하라. 가능한 한 많은 세계를 경험하고, 최대한 다양한 사람들을 만나며, 조금씩이라도 다채로운 것을 배우고, 어떤 것을 몰입하여 배워라. 그리고 여러분이 가장 좋아하는 것이 무엇이든 결국에는 매우 잘하게 될 것이라고 믿어라.

그리고 당신을 두렵게 만드는 몇 가지 일을 시도해보라. 일상적인 것들을 한번 의심해보고, 가끔은 바보 같은 짓도 해봐야 바보가 되지 않는다.

무엇을 하든지, '저걸 가지면 더 행복할 텐데'라는 헛된 소망을 품지 말고, 본인의 선택이 아닌, 친구나 가족들이 권하고 닦아놓은 길만 따라 걷지 않길 바란다. 그리고 오직 돈을 위해서만 일하지 않길 바란다. 만약 돈을 벌기 위해서만 일하고 있는 상황이라면, 당신이 무슨 일을 어떻게 하고 있는지 인식하고, 돈의 일부를 당신이 정말로 좋아하는 일을 하는 데 사용하면 좋을 것이다.

다른 사람들을 행복하게 만들려고 노력하라. 그렇게 하지 않으면, 진정으로 행복할 수 없다. 행복은 영구적인 상태가 아니며, 돈으로 살 수 있는 것도 아니다. 내가 하는 일, 특히 다른 사람들을 위해 하는 일의 결과가 진정한 행복이라는 산물이다.

사람의 지능은 전통적인 시험이나 IQ 테스트 등 여러 시스템에 의해 중점적으로 측정되고 다뤄져 왔다. 하지만 그보다도 감성 지능이 훨씬 중요하다. 감성 지능을 대체할 것은 세상에 아무것도 없으며, 그 어떤 인공지능도 복제해내지 못하는 것이다.

성품도 아주 중요한 항목이다. 좋은 사람들은 당신의 행동뿐만 아니라 당신의 성품과 기질에 더 끌릴 것이다. 신기한 현상이지 않은가? 당신의 성품과 기질이 긍정적이라면 긍정적이고 좋은 성품의 사람들이 당신 곁으로 모이게 되고, 당신의 성향이 부정적이라면 부정적인 사람들이 당신과 집합을 이룬다. 조지 클루니가 출연한 영화 〈투모로우랜드Tomorrowland〉에 항상 싸우는 두 늑대에 관한 고전적인 대사가 나온다. "한 늑대는 어둠과 절망입니다. 다른 한 늑대는 빛과 희망이지요. 자, 어떤 늑대가 이길까요? 바로 당신이 먹이를 주는 쪽이 이깁니다." 이 말은, 우리의 미래도 우리가 믿고 행하는 대로 실현될 것이라는 점을 내포한다. 정직하고, 공정하고, 친절하고, 동정심이 많은 성격의 사람이 되도록 노력하자.

마찬가지로, 따뜻한 미소와 유머 감각은 우리에게 있는 여타의 자격보다도 더 많은 문이 더 쉽게 열리도록 만들어주는 꼭 필요한 요소이다. 최소치로 최대의 효과를 낼 수 있는 아주 매력적인 필요조건이라고 할 수 있다.

또한 나는 진실과 아름다움의 중요성에 주목하고 싶다. 거짓이나 반쪽의 진실에 속지 말고, 무엇이 사실인지 사실이 아닌지에 대해 시간을 갖고 신중하게 분별하기를 바란다. 때때로 '진실'과 '사실'은 다양한 색상으로 존재하며, 특히 회색지대에 애매하게 존재할 때도 있다. 각 개인의 경험은 의심할 여지 없이 개인의 신념과 판단에 영향을 미친다. 누군가가 당신과 다른 의견을 가졌다고 해서 가혹하게 대해서도 안 된다.

아름다움은 우리 인간이 가장 잘 만들어내는 것이다. 아름다움이 없다면 우리의 존재마저도 소멸에 이른다. 작은 방을 꾸미든, 겨울의 벚나무 껍질을 이용하여 선물을 포장하든, 가을 잔디밭의 낙엽을 쓸든, 할 수 있는 한 언제라도 어떤 행위로라도 아름다움을 창조하라. 그림 그리는 법을 배워도 좋다. 바로 당신 자신의 아름다움을 위해서!

마지막으로 우리 인생의 가장 큰 화두인 죽음에 대해 말해본다. 나는 이미 인간의 궁극적인 죽음을 이 우주와 모든 인류의 역사와 연결하여 고찰해야 한다는 사실을 누누이 강조했다. 우리는 우리 죽음의 긍정적인 이점에 대해 생각해봐야 한다.

스티브 잡스는 스탠퍼드대학의 졸업식 연설에서 "우리의 삶은 멋지고, 죽음 또한 보상이 있는 멋지고 좋은 일"이라고 말했다. 죽음의 위협은 모든 문제를 잊게 만든다. 멸종할지도 모른다는 심각한 위협은 개인이나 사회 모두에게 스스로를 발전시키거나 재발명^{또는 재발}견할 기회를 제공하며 예리한 집중력을 갖게 만든다. 죽음은 땅을 깨끗하게 한다. 죽음이 있는 곳에 새로운 정신, 새로운 세대를 위한 공간이 태어난다.

조각가 헨리 무어Henry Moore는 인생에 대해 다음과 같이 말했다. "인생의 비밀은 생의 임무를 갖는 것, 나의 평생을 바쳐서 모든 것을 가져오는 것, 그리고 남은 인생의 모든 순간순간에 최선을 다하는 것이다. 그리고 가장 중요한 것은, 내가 할 수 없을 거라 생각되는 그 일을 해내는 것이다."

바로 그것이다.

인생은 나를
받아들이는 데서 시작한다

로버트 레빈_ 피아니스트이자 지휘자,
줄이어드와 프라이부르크 음악대학의 교수

영원히 살 것처럼 공부하라. 내일 죽을 것처럼 살아라.

—마리아 미첼Maria Mitchell

내일 죽을 것처럼 사십시오. 영원히 살 것처럼 배우십시오.

—마하트마 간디Mahatma Gandhi

시중에 도는 행운의 편지글 속에서 우리의 인생을 기차 여행으로 비유한 것을 본 적이 있다. 기차역, 돌아가는 길, 슬픔 등의 여러 은유적 표현이 담긴 글이었다. 어쩌다 우리는 기차를 타게 되었고, 부모님을 만났다. 부모님이 항상 우리와 함께 여행할 줄 알았지만, 어느덧 그들은 중간 정거장이나 다른 역에서 내리고 만다. 우리는 부모님 없이 여행을 계속한다. 대신 다른 승객들이 탑승한다. 형제자매, 사촌, 친구, 그리고 사랑하는 배우자…… 그러나 그들마저도 한 명씩 하차하고, 떠난 자리에는 쓸쓸함과 공허함이 남는다. 간혹 누가 타고 떠났는지 거의 알아차리지 못할 때도 있다. 기쁨과 고통, 만남과 이별이 뒤범벅된 여행, 그게 바로 우리의 인생이다.

가장 큰 수수께끼는 우리 자신이 어느 역에서 내리게 될지 결코 알지 못한다는 것이다. 그러므로 우리는 열심히 살고, 사랑하고 용서하며, 매사에 최선을 다해야 한다. 그리고 하차해야 하는 순간이 찾아와 우리의 자리가 비게 될 때 오직 긍정적인 생각만이 남도록, 그래서 남은 사람들의 여행이 계속될 수 있도록 해야 한다.

수천 년 동안 철학자, 신학자, 과학자들은 우리의 결정이 자유의지에 의한 것인지, 아니면 운명에 의한 것인지에 대해 토론해왔다. 위대한 페르시아 수학자이자 천문학자이며 시인인 오마르 하이얌 Omar Khayyám은 그의 루바이야트 4행시를 다음과 같이 썼다.

움직이는 손가락은 적고 있고, 적은 후에도
계속 앞으로 나아가네. 아무리 경건함이 깊고 지혜로워도
손가락을 도로 끌어당겨 반 행도 지울 수가 없네
아무리 눈물을 쏟아내도 낱말 하나를 씻어내지 못하네

—에드워드 피츠제럴드Edward FitzGerald의 번역본

이 시는 우리의 행동이 이미 예정되어 있음을 암시한다. 그러나

시인은, 결국 우리가 자신의 행동에 대해 책임을 져야 한다는 것을 경고하고 싶었던 것으로 보인다. 우리가 하는 모든 일이 운명으로 예정되어 있다고 확신하면, 도덕은 파괴될 것이고 범죄를 저지른 사람조차도 자신은 예정된 일을 했을 뿐, 책임이 없다고 변명할 수 있기 때문이다.

이 땅에서 우리의 여정은 우주적 관점에서 볼 때, 가련할 정도로 짧다. 일상생활을 할 때, 우리는 높은 윤리의 일을 우선순위에 두어야 한다. 즉, 가장 올바른 일을 가장 중요하게 여기고 먼저 해야 한다. 우리 모두는 각자의 자리에서 각자의 방식으로 인간 전체의 복지에 기여하는 삶을 살고 있다. 소박하지만 필수적이고 일상적인 집안일을 하는 것에서부터 우리의 생활조건을 용이하게 만드는 각종 서비스 종사자들의 일, 우리의 삶을 급진적으로 개선함과 동시에 최후의 한계선위협적인 핵무기 억제, 생태계를 망치는 살충제 사용 금지 등을 지키려고 노력하는 과학산업자들의 일 등등 우리 모두는 여러 모양, 여러 자격으로 인류의 웰빙을 위해 일하고 있다. 이 땅에 존재하는 수많은 예술가들도 있다. 그중에는 우리에게 거울을 들여다볼 기회를 제공함으로써, 우리가 진정 누구인지 보여주고, 우리가 할 수 있지만 하지 말아야 할 것들에 대해 경고하며, 고통과 황홀경의 메시지로 우리의 지각을 흔들어 깨우는 작가들도 있다. 예술에서와 마찬가지로 디테일, 즉 겉보기에는 사소한 것들이 우리의 삶을 좌우하는 결정적인 요소가 될 수 있다. 신은 우리의 모든 것을 세세한 부분까지는 통제하지 않고, 우리의 자유의지로 가능한 부분들을 기회로 남겨주신 것 같다. 이것을 인식하는 것이 우리의 존재를 변화시킬 수 있는 근거가 된다. 만일 당신이 무심코 교차로를 통과하고 있다면, 교통사고라는 엄청난 사건이 닥치기 전까지는 자기가 무슨 일을 어떻게 하고 있었는지 인지하지 못할 것이다. 이와 같이 삶에서도 망각에 의해 가리워진 것이 무엇인지 모른 채 이루어지는 일들도 많다. 셰익스피어가 말했다.

> 인간사에는 흐름이 있다.
> 흐름을 따라가다 보면, 언젠가 행운이 따르리라.
> 놓치게 되면 일생의 모든 항해는
> 비참하고 얕은 곳에 묶이게 된다.
> 우리는 이제 드넓은 바다 위에 떠올라
> 우리를 위해 다가오는 조류를 붙잡아 한껏 올라보자.
> 그러지 않으면 모험은 실패하게 되는 것이리라.
>
> —〈줄리우스 시저 Julius Caesar〉, 4막 3장 218-224행, 브루투스의 대사

부모님이 음악을 전공한 분들이 아니었음에도 불구하고, 내가 예술음악에서부터 브로드웨이 뮤지컬, 포크송에 이르기까지 모든 종류의 음악을 섭렵하고, 사랑하고, 끊임없이 듣게 된 것이 우연이었을까? 그 연주를 듣고 자연스럽게 따라 부르게 된 것도? 집안에서 유일하게 음악을 전공한 외삼촌이 프랑스 파리음악원에서 4년여의 공부를 마치고 집으로 돌아와, 조카인 내게 절대음감이 있음을 알

아채고 음악 교육을 권했던 것도? 내가 12살이었을 때, 뉴욕에 있는 청음 훈련 선생님이 가장 효과적인 음악 수업은 의심할 여지 없이 당대의 가장 위대한영성과 철학 면에서 풍부한 음악교사인 나디아 불랑제Nadia Boulanger와 함께 프랑스에서 유학하는 것이라며 권했던 것도? 나디아 교수가 직접적으로 말하지는 않았으나 그녀의 바람과 판단대로 후배 양성에 대한 사명을 나로 하여금 이어가게 만든 것도? 고작 내 나이 20살에, 당시 필라델피아 커티스 음악연구소의 소장이었던 우돌프 서킨이 나를 연구소 이론 부서의 책임자로 추천했던 것도? 그리고 나디아 교수가 죽음에 가까워져서는, 우리가 함께 일했던 퐁텐블로로 와서 자신을 대신해 학생들을 가르쳐달라고 내게 부탁했던 것도? 그 모든 것을 우연이라고 할 수 있을까? 나디아 교수가 나에게 제공한 모든 훈련은 내가 그 어떤 음악가가 되어서도 사용할 수 있는 훌륭한 도구 상자를 제공해 준 것과 같았다. 그리고 그 중에서 나는 음악의 성城을 여는 열쇠를 골라 사용했다. 그때의 나는 어려서 그녀의 계획을 다 헤아릴 수 없었지만, 그녀는 나에게 신적인 존재처럼 느껴졌고, 그녀 또한 마치 신처럼 나를 위해 은밀히 일했다.

내가 예술가가 된 데는 그녀의 공로가 크다. 그래서 나는 나디아 교수가 알려준 모든 변화에 관한 메시지를 전 세계의 동료 음악가, 학생, 대중들에게 전달하고자 부단히 노력해왔다. 가르치는 것이든, 공연이든, 글이든 간에 나는 인생의 기차를 함께 탄 동료 승객들에게 다가가서 그들만의 독특한 자아를 인식하도록 돕고, 무대에서의 공연을 포함한 그들의 모든 행동들이 세상을 변화시키는 강력한 도덕적 핵심을 가지고 있다는 것을 일깨워주고자 노력한다. 도덕적 핵심은 우리가 무엇을 하느냐가 아니라 왜 하느냐, 어떻게 하느냐, 그리고 어떤 목적으로 하느냐이며, 이것은 아무리 강조해도 지나치지 않다. 나는 예술가로서 우리의 임무는 청중에게 충격적이고 강렬한 메시지를 보내고, 그들로 하여금 어둠 속에서도 깨어 있게 하고, 감정과 영감의 힘으로 그들을 변화시킬 수 있는 것이어야 한다고 말한다. 어떤 공연이 누군가의 인생을 영원히 바꾸는 계기가 된다면, 세상에 이보다 더 좋은 일은 없는 것이다.

그래서 이 강의를 읽고 있을 여러분께 간청한다. 인생의 모든 날에, 자신을 드러내고 알리는 것에, 최선을 다해 임하길 바란다. 성취와 채움의 열쇠는 당신이 누구인지를 받아들이는 것에서 비롯된다. 자기혐오는 능력을 독살시키며 상호 간의 성장과 기쁨에 가장 큰 장애물이 된다는 것을 기억하라. 우리는 다 불완전하며 잘못을 저지를 때가 있다. 먼저 그것을 받아들이길 바란다. 일단 받아들이면, 더 나은 방향으로 변화할 수 있다. 자신의 결점을 사랑하면 다른 사람들의 결점에 대해서도 자애롭게 다가갈 수 있고, 그들에게 다가가서 우리처럼 희망과 꿈을 갖게 만들 수 있다. 처음에는 다른 사람들의 결점이 아주 싫고 견디기 힘들 수도 있겠지만, 기억하라, 인생은 받아들여야 할 배움의 연속이라는 것을.

좋은 일을 하자! 관대하자! 일상생활의 잡다함을 벗어버리자! 자신의 내면을 깊이 들여다보고 당신이 알고 사랑하는 사람들을 위해 무언가를 하고, 그리고 나로 인해 더 나은 삶을 살 수 있는 지구 반대편의 사람들이 있다면, 그들을 위해 무엇을 할 수 있을지 매일매일 자신에게 물어보자. 이런 당신 앞을 가로막을 것은 없다.

인생은 네버엔딩 진행형

스티브 풀러_ '사회인식론' 분야의 기초를 다진
워윅대학의 사회학과 교수

서양철학은 삶을 죽음을 위한 준비로 간주하는 경향이 있다. 그 사실을 받아들일 때, 우리의 삶은 더욱 의미를 갖는다고 말한다. 나는 이 견해에 독특한 나만의 관점을 실어 내 방식대로 살려고 노력했다. 철학자들은 일반적으로 사람들의 마음을 죽음 직전, 인생의 마지막 부분에만 집중시키는 경향이 있으므로, 정작 다양한 소비와 활동, 열징이 가득한 인생 전반에 대해서는 많은 의문을 남겨둔다. 이러한 경향은 인간의 한계를 의식한 일종의 체념이 아닐까 싶다. 실존주의자들의 주장처럼 사람은 먼저 자신의 유한성을 인정해야 한다는 관점이다. 이와는 대조적으로, 나는 인생의 끝인 죽음과 인생의 시작인 탄생, 이 둘을 개별적으로 따로 생각하거나 중대하게 간주하지 않는다. 인생은 독립적이거나 단편적인 것이 아니기 때문

이다. 내 인생을 감히 '세계 최고'라고 말할 수는 없겠지만 나는 평생 동안 내 인생을 낙관하며 잘 살아왔다.

나는 호기심이 많은 10대 시절, 19세기 프랑스 철학자 오귀스트 콩트Auguste Comte로부터 깊은 감명을 받았다. 그는 '질서와 진보order and progress'라는 명목으로 과학적, 종교적 감성을 한데 모은 인간의 상태에 대해 매우 놀라운 사고방식을 보여주었다. 이 질서와 진보 는 브라질 국기의 하얀 띠에 나타나 있는 주요 슬로건이기도 하다. 그는 용어를 만드는 귀재였는데, 또 하나의 획기적인 단어가 바로 '이타주의altruism'였다.

오늘날 이타주의는 완전한 이타심에서부터 전략적인 자선에 이 르기까지 모든 관련 행위를 포괄하여 쓰인다. 그러나 콩트에게 있 어서 '이타주의'는 세상에 대해 '선행 나누기pay it forward, 선행을 받은 사람 이 또 다른 이에게 선행을 베풀어 세상에 흘러보내는 방식'를 하는 것이었다. 우리 모두 는 짐을 가지고 이 세상에 온다. 성 아우구스티누스는 이를 '원죄'라 고 불렀고, 오늘날에는 생물학적으로 유전된 약점 정도로 해석하는 학자들도 있는데, 아무튼 부정적인 의미에서의 짐만을 말하는 것은 아니다. 출생 직후, 우리는 일찌감치 우리의 직계 가족에서부터 사 회 전체의 문화에 이르기까지, 수많은 사람들이 이루어놓은 유산으 로부터 혜택을 받는다. 사실, 우리는 타고난 채무자이고, 삶은 계속 해서 도전을 제기한다. 우리가 가는 길이 이미 다른 많은 사람들에 의해 포장된 길이라는 것을 감안한다면, 우리는 어떻게 하면 현재와 미래의 세대를 잘 화합하여 나아갈 수 있을지 생각해야 한다. 이것은 우리가 세상에 대한 우리의 부채를 얼마나 잘 상환하는가에 따라 결정되는 문제일 것이다.

콩트는 자신이 세속적이고 심지어 물질주의적인 시대를 위해 예수의 메시지를 포착했다고 믿었다. 나는 교인은 아니지만, 기독교적인 배경을 가진 사람으로서 이것이 개인이 삶의 의미를 찾는 데 매우 적합한 틀이라고 본다. 그 메시지란 각 사람이 받은 것보다 더 많이 주기 위해 노력함으로써 인류가 발전한다는 것을 뜻한다. 따라서 한 사람 한 사람이 늘어날수록 문자 그대로 세상은 점점 더 풍요로운 곳으로 변화하는 것이다.

그러나 삶의 의미에 대한 이러한 사고방식이 엄밀하게 말해, 경제적인 관점에서도 의미가 있을까? 세계의 전체적인 선善에 대한 개인의 기여도가 설령 계산이 가능하다고 쳐도 계산할 가치가 없을 정도로 지극히 미미하지 않을까? 나는 경제 논리가 합리적이라고 직관적으로 믿기 때문에 이러한 질문들과 씨름해왔다. 내 결론은 개인과 종 모두가 더 발전하려면, '물려받은 유산'의 상당 부분을 폐기하거나 최소한 근본적으로 재구성해야 한다는 가정하에서, 우리가 '인생의 중대한 위험을 스스로 감수해야 한다는 것'이다. 훨씬 더 중요한 것을 얻으려면, 항상 현재의 중요한 것을 잃을 준비가 되어 있어야 한다.

예수처럼 더 높은 명분을 위해 기꺼이 죽을 각오까지 해야 하는 것은 아니지만, 우리도 우리의 인생을 대할 때 벤처 자본가가 투자를 결정하듯 해야 한다고 본다. 그들은 평생 계약된 안정적인 회사

삶의 의미

로부터의 정기적인 수익을 추구하지 않고, 시장에서 일부 혁신적인 제품이나 서비스로 실현될 수 있는, 아직 활용되지 않은 잠재력을 찾는다. 그것이 비록 중·단기적 손실을 의미한다고 해도, 장기적인 이익을 내다보는 것이다. 마찬가지로, 우리가 처음에 우리에게 투자한 사람들의 정신에만 충실하게 인생을 보내면, 우리 '인생의 자본'은 안정적인 나머지 부진해질 수 있다. 이런 점에서, 우리의 인생에도 '상어의 법칙Law of the Shark, 앞으로 나아가든지 아니면 죽든지'이 적용되어야 한다.

나는 가난한 환경에서 학생 장학금과 교육기관의 재정적 지원교수 급여의 형태로을 받아온 사람으로서 말한다. 나는 관습이나 내 분야의 관행에 순응하지 않고, 나를 후원했던 기관들에 대한 빚을 갚으려고 노력해왔다. 이는 현재 아예 논의되지 않거나 적어도 충분히 논의되고 있지 않기에, 나라도 나서서 그 빚을 갚아야 한다고 말할 필요가 있다고 생각했다. 나는 상대적으로 엘리트 교육기관에서 일생을 보내왔기 때문에 내가 미칠 수 있는 잠재적 영향력이 클 수도 있고, 이러한 과정들 속에서 혜택을 많이 받아왔기 때문에 교육적인 여러 지원 정책의 유지에 대해 일종의 의무감이 있다. 일반적으로, 내가 잘 알고 말할 수 있는 어떤 고유한 영역이 있다면, 그것은 그 일을 내가 해야 한다는 뜻이라고 생각한다. 다른 이들은 모르고 나만이 경험하여 알고 있는 것, 내가 목소리를 내지 않으면 아무도 말하지 않는 것, 그것을 해야 한다.

나는 이 정책이 매우 원칙적이라고 생각하지만, 그렇다고 절대적인 것이라고는 생각하지 않는다. 다시 말해, 나는 특정한 신념이나 관점에 전념하지 않고, 그보다는 어떤 신념이나 관점이 인류의 실존적 지평을 확장시키는가의 여부에 주목하려고 노력한다. 그것이 무엇이었는지는 그 순간에는 잘 알 수가 없고 한 사람의 생애 전체로 길고 넓게 봐야 비로소 드러난다. 강력하게 지지하던 '진보적'인 관점도 시간이 지나면서 '퇴행적'으로 변하고, 특히 실행 가능하지 않은 문제는 오래도록 지속되지 못한다. 이는 철학자 헤겔이 가르쳐준 가장 위대한 교훈이자, 아직 우리 인류가 제대로 실행하지 못하고 있는 가르침이기도 하다.

'해야 할 말을 한다'는 것이 다소 도발적으로 느껴질 수도 있겠지만, 나는 점차적으로 밝혀지는 진실이나 원칙에 대해서 할 말은 해야겠다. 나는 철학을 30년 동안 공부해오면서, 어느 순간 침체기를 맞게 되었다. 하지만 역설적으로 철학과 가장 떨어져 지냈던 그 기간이 나에게는 오히려 철학과 가장 친밀해질 수 있는 계기를 마련해준 유익한 시간이었다는 것을 뒤늦게 깨달았다. 당신이 1985년에 깊은 잠에 빠져 오늘날에 깨어난 꽤 훈련된 철학자라고 생각해보자. 무려 40여 년이 흘렀는데도 그 옛날에 논의됐던 문제나 언급되었던 수많은 철학서의 저자들이 모두 다 친숙한 광경이라는 데 아마도 놀랄 것이다. 철학 분야는 옛날과 크게 변함이 없어서 우리 세대 대부분의 학자들은 이런 방식으로 편안하게 연구해왔다. 물론 예외가 있고, 나는 그 예외 중의 한 사람이다.

나는 스스로를 '인간'이라고 부르는 존재에게 적절한 이 접근 방식을 옹호하고자 한다. 말하자면, 동물은 어떤 의미에서는 상당히 '원칙적'이라고 할 수 있다. 동물은 복잡한 것 같지만, 결국 삶에서 일어날 수 있는 상황들에 맞게 프로그래밍된 일련의 반응에 따라 행동한다. 따라서 동물의 예측 가능한 일관성은 멸종의 원인이 되기도 한다. 그러나 인간은 원칙을 실행하는 방법에 대해 더 큰 재량권이 있다는 점에서 확실히 다르다. 그런 면에서 우리는 멸종할 걱정이 없다. 오히려 우리는 원칙의 이름으로 자행되는 실수로부터 배울 수 있으며, 그 과정에서 우리에게 진정으로 중요한 것이 무엇인지 더 잘 이해할 수 있다.

요점을 말하자면 '실험적인' 마음가짐으로 살려고 노력하자는 것이다. 여기에서 나는 17세기에 유럽을 변혁시키고 소위 현대사회를 열었던 '과학 혁명'을 얘기해볼까 한다. 수세기 동안, 사람들은 현실이 규칙적으로 감각에 나타나는 일종의 패턴이거나, 또는 이해할 수 없고 통제할 수 없는 완전히 신비한 '운명'에 의해 지배되는 것이라고 생각했다. 사람들은 두 경우 모두 순응 아니면 방어의 태도를 보였다. 그러나 영국의 변호사 프랜시스 베이컨Francis Bacon이 가장 명백한 실험 방법을 통하여 세 번째 세계관을 만들었다. 현실은 실제로 이성적이고 합리적이지만, 우리의 신념은 세상의 근본 원리를 발견하기 위해 혹독한 실험을 거쳐야 한다는 것이다.

자연법칙에 적용되는 것은 자신의 영혼을 지배하는 법칙에도 똑같이 적용된다. 베이컨의 자칭 '혹독한 실험'은 인생의 '교차로'에 해당하며, 똑같이 매력적이거나 매력적이지 않은 두 가지 선택 중 하나를 골라야 하는 순간에 자신이 누구인지를 발견하게 되는 것이다. 자연법칙이, 그 안에 종속된 모든 사람들에게 항상 유익한 결과를 가져오는 것이 아니듯, 개인적인 경험에 기반한 자신의 원칙만을 고수하는 것도 항상 유익한 결과를 가져오는 것은 아니다. 하지만 여러분의 원칙이 마치 과학적인 탐구처럼 심오한 것이라면, 인생이 쏟아내는 문제가 무엇이든 간에 스스로 놀라울 정도로 잘 대처할 수 있어야 한다. 그래서 항상 인생을 탐구하고 실험하는 자세로 살았던 사람의 죽음 앞에서 우리는 이렇게 말할 수 있어야 한다. "그는 끝이 아니라 아직도 진행 중이군요."

28강

리커넥트

타마르 와인버그_ 세일즈·인터넷 마케팅 전문가이자
'새로운 커뮤니티의 규칙'의 저자

내가 마지막 강의를 해야 한다면, 내가 어디에서 왔는지 그 뿌리의 중요성을 잊지 않을 것이다. 최근에야 이 부분에 호기심이 발동했는데, 시작한 지 1년도 채 되지 않아 나는 완전 푹 빠지게 되었다.

많은 사람들이 자신의 풍부한 유산에 대해 잘 알지 못한 채 살아간다. 우리는 부모님이, 그리고 조부모님이나 증조부모님이 어디에서 왔는지 잘 모르고, 그들의 투쟁과 과거에 대해서도 잘 알지 못한다. 아무것도 모르는 우리에게는, 우리를 있게 한 무수한 사람들이 존재한다. 2명의 부모님, 4명의 조부모, 8명의 증조부모, 16명의 고조부모, 32명의 증고조부모…… 이런 식으로 따지고 올라가보면 64, 128, 256, 512, 1024, 2048…… 헤아릴 수 없이 많은 조상들이

나온다. 당신은 그분들 각자에 대해 얼마나 알고 있는가? 아마도 나처럼 아주 조금밖에 모를 것이다.

우리는 컴퓨터를 통해 우리의 역사와 의사 소통 수단을 쉽게 찾을 수 있는 시대에 살고 있다. 30대인 나는 주저하지 않고 당장 휴대 전화를 들어 지금의 내 또래로 보이는 사촌들에게 전화를 걸었다. 사촌들과 나는 우리 가족의 역사를 유지하고, 우리 집안의 전통과 유산을 아이들에게 물려주는 것에 관심이 많았다.

더 중요한 것은, 놀라운 DNA 기술의 발전 덕분에 이제는 입 안쪽을 면봉으로 닦거나 작은 튜브에 침을 뱉어 우리가 어디에서 왔는지에 대한 정보를 제공하는 온라인 서비스에 보낼 수 있다는 사실이다. 나는 나의 목적과 관심 때문에 가족들과의 연결을 시도했고, 전에는 알지 못했던 여섯째, 일곱째, 여덟째 사촌들을 찾았다.

우리는 모두 독특한 방식으로 연결되어 있다. 나와 함께 성장한 사람들 또는 결혼으로 맺어진 사람들과의 연관성을 찾는 것은 무척이나 흥미로운 일이다. DNA 검사는 많은 사촌들을 찾는 데 도움이 되었고 내 인생에 많은 문을 열어주었다. 그리고 인생의 길이 다르고 사는 모양은 다르지만, 크게 볼 때 우리 모두는 같은 천으로 짜여진 혈연이라는 하나됨을 느끼는 일에 매료되었다. 우리는 동일한 유전자를 공유하고, 동일한 역사와 이야기를 공유하는 사이인 것이다.

좀 지루하게 들릴지 모르지만, 나는 이 일을 하는 것이 우리의 의무라고 생각한다. 컴퓨터 앞에 앉아 브라우저를 열고 가계도를 만들어보길 권한다. 나이 많은 친척에게 당신이 태어나기 전의 삶에 대해 물어보라. 그리고 먼 사촌들과의 연결을 시도해보라. 필요하다면 그들의 침 샘플을 가져와도 좋다. 그중 연장자와의 연결부터 풀어가기 시작하면 당신이 어떻게 연결되어 있는지 정확히 알 수 있게 된다. 당신이 이 일을 추구하다 보면 당신의 삶에 비슷한 관심을 가진 사람들을 발견하게 될 것이다.

우리의 삶을 뺀 세상의 나머지는 너무나 크다. 그 세상에 비하면 우리의 삶은 작디작다. 몇 백 년 안에 우리는 영원히 잊혀질지도 모른다. 그러나 우리는 우리 조상들의 삶을 잊어서는 안 된다. 우리가 알고 있는 모든 것을 종이에 기록하고, 그들의 과거를 디지털화하고, 우리 아이들을 위해 사진을 보관하고, 우리가 누구인지, 그들이 누구인지, 그리고 우리 아이들이 어떤 사람이 되면 좋을지 영원히 기억하기 위한 작업을 하는 것은 우리의 의무이다.

왜 이것이 내 마지막 강의의 주제가 된 건지 여러분은 의아해할 수 있다. 나는 아주 솔직하게 대답하겠다. 우리는 우리가 가진 직업, 집의 크기, 여행을 얼마나 했는지를 비롯한 여러 가지 비교의식 등등 삶의 물질적인 부분에 너무 치중하며 살아가고 있다. 그것들이 어느 정도는 중요하며 경험을 풍부하게 만들기는 하지만, 사실 스쳐가는 덧없는 것들일 뿐이다. 물질적인 것들은 우리의 삶을 형성하고 의미 있게 만드는 데 기여하지만, 200년 후의 미래를 생각해본다면 아무것도 아닌, 무의미하고 소용없는 것들일 뿐이다.

당신이 디즈니월드에 갔다 왔고, 리스본에도 다녀왔으며 지중해를 만끽하고 돌아왔다고 가정하자. 200년 후에, 그중 한 장소라도 존재할지 안 할지 누가 장담할 수 있겠는가. 나는 내 가계를 추적하다가 우리 가문이 폴란드에서 왔다는 것을 알게 되었다. 100년도 더 이전에는 그곳이 오스트리아에 속해 있었다고 한다. 하지만 국경이 무슨 상관이랴. 나의 정체성은 그대로이다.

가족과의 연대감 형성은 중요하다. 가족 단위로 성장하기 위해 우리가 해야 할 일들이 있다. 우리보다 앞선 가족, 우리를 세상에 데려온 사람들을 잊어서는 안 되며, 그것은 우리의 삶과 살아가는 방식에 책임감을 갖는 것이다.

모든 사람이 나와 같은 열정을 가진 것은 아닐 것이다. 아마도 이전 세대에서 일어난 일로 인해 상종하기도 싫은 가족이 집안에 한 명쯤은 있을 수도 있다. 나는 이런 이야기를 우리 가족 중에서도 들어본 적이 있다. 하지만 우리 사이에 생긴 원한으로 우리의 미래가 불행하게 결정되도록 내버려두겠는가? 그 사람 또한 결국 우리 가족의 일부이고, 우리 모두는 같은 천으로 짜여져 있다는 의식을 가져야 한다. 우리가 어디에서 왔으며 우리가 누구인지를 인식해야 한다. 종종 그에 대해서 잘 모른다 해도 우리는 DNA와 공통의 역사를 공유한다는 사실만으로도 그를 따뜻하게 품을 수 있어야 한다.

나는 많은 사람들이 우리 가족으로 입양되었다는 사실을 알게 됐다. DNA 덕분에 가족을 찾고 만나는 일이 쉬웠고, 그 과정은 무척이나 보람 있었다. 입양된 사람들의 질문에 답을 주는 기회를 제공하고, 그들이 어디에서 왔는지 알고 성취감을 갖게 하는 것, 그것은 그들의 탄생에 대한 권리이다.

그리고 그것은 우리 모두의 타고난 권리이기도 하다. 우리는 우리가 누구인지 알아야 하며 결코 그 뿌리를 잊어서는 안 된다. 우리는 그 유산을 보존하고 우리 아이들을 위해 저장해야 한다.

시간에 따라 상황은 바뀔 것이다. 우리의 세상도 바뀔 것이다. 우리의 물질적 이익이 우리를 소모시킬 수도 있다. 우리의 지적 추구는 우리에게 영감을 줄 수 있다. 그러나 우리가 누구이고 어디에서 왔는지는 결코 변하지 않을 영원한 그 무엇이다. 우리는 그것을 포용하고 다음 세대를 위한 위대한 유산을 이어나가야 한다.

가장 소중한 건,
누구로부터 얻는 게 아닌
내가 나에게 주는 것

틸만 러프_ 1985년 노벨평화상 수상단체인 핵전쟁방지국제의사회의
공동대표이자 2017년 노벨평화상 수상단체인
핵무기폐지공동행동의 창립자

나는 여러분의 세상 여행에 작은 도움이 되었으면 하는 소망으로
이 이야기를 시작한다.

나는 일상의 마법과 아름다움을 사랑한다. 청명한 하늘 아래 안
개와 이슬이 자욱한 대지. 아침 안개를 통해 들어오는 태양의 첫 빛.
그 첫 호출로 부름받아 날아가는 까치와 물총새. 사랑하는 친구들
과 함께 나누기 위해 아늑한 환영 테이블에 차려진, 땅의 소산물들
로 이루어진 각종의 소박한 음식들. 기쁨의 파도가 일렁이고 춤추
던 바다가 육지를 만나 깊은 포옹을 한다. 무수한 별들로 가득한 시
원하고 깊은 밤에 머나먼 은하계를 바라본다. 부드러운 바람은 얼
굴을 스쳐가고 숲을 가로지르는 깊고 친숙한 냄새가 나의 사랑하는
말 위를 지나간다. 아침 일찍 나와 눈이 마주친 쐐기꼬리독수리는

하늘을 빙빙 돌고 있다. 우리 집 마당에 있는 나무에서 새로 압착한 밝은 녹색의 올리브오일에 갓 구운 빵을 찍어 먹노라면, 그 풍미가 입안 가득 고소하게 퍼진다.

잘 익은 뽕나무 과육은 부드럽고 달콤하고 시큼하며, 한 입 베어 물면 입안 가득 햇살처럼 터져 검붉은 과즙이 얼굴과 손을 따라 흘러내린다. 갓 태어난 아기 같은 부드러운 기쁨의 향연이다. 끊임없이 흐르는 강의 물줄기가 규암석들에 형태와 윤기를 더하고, 숲속의 이름 모를 나무와 소나무를 어루만지면 웅장한 음악과 아름다운 이미지의 기쁨이 샘솟는다. 나는 쓸모 있는 것을 만들기 위해 목공 작업을 하고, 친구들을 불러 차 한잔과 보드게임을 즐기며 오래된 우정과 새로운 우정을 만들어나간다. 숨 쉬는 하루하루가 행운이고 경이로움의 연속이 아닐 수 없다.

일상의 삶에는 사랑과 고통과 죽음이 함께 어우러져 있고, 그것들이 동반되어 시험대에 오른다. 다년생식물처럼 세대마다 전해지고 이어진다. 사람이 아무리 평온한 삶을 살고 싶어 해도, 자신의 선택이 아닌 당시의 시대가 원하는 특별한 도전을 받아들여야만 하는 때가 있다. 그것은 수백만 년의 진화 과정 동안 조상들은 직면하지 못했던 도전이며, 무시하거나 다른 누군가에게 전가할 수도 없는 성격의 것이다.

몇 세기가 채 안 되는 동안, 우리는 생물학적으로 축적되어온 탄소 저장 에너지를 전례 없는 규모로 산업화하고 남용하였으며, 무분별하게 산림을 개간해 대륙 규모의 생태계를 파괴해왔다. 그래서 이제 지구온난화가 급속히 진행되고 있고, 긍정적인 피드백이 매우 빠르고 연쇄적으로 악순환의 영역으로 내몰리고 있다. 우리는 인류의 확산과 번영을 가능하게 했던 매우 안정적이고 호의적인 지구의 기후를 위험에 빠뜨리고 있는 중이다. 그렇게 함으로써, 거미줄처럼 얽혀 있는 수백만 종의 복잡다단한 생존 관계의 아름다움과 회복력을 위태롭게 만들고 있다. 이 거미줄의 관계가 우리가 근본적으로 의존하고 지탱하는 원천임에도 불구하고 급속하게 망가지고 있다. 만약 이 시점에서 우리가 단호하게 행동한다면, 통제되지 않는 지구온난화의 문제가 최악의 사태까지 이르지 않고 상당 부분 감소될 수도 있을 것이다. 우리 스스로가 만든 이 위협은 실제로 존재하는 것이며, 현재 살아가고 있는 사람들뿐만 아니라 잠재적 존재들의 생명과 건강까지도 큰 위험에 빠뜨리는 일이다. 우리가 지금이라도 막지 않는다면 말이다.

점입가경으로, 우리 자신이 만든 훨씬 더 심각한 실존적 위협이 있다. 바로 핵무기이다. 이러한 거대한 파괴 기계는 일반적인 의미에서 무기라고 부를 수 없다. 무기란 목표 완수가 가능하고, 영향력을 억제할 수 있으며, 합법적인 목적이 생겼을 때만 잠재적으로 사용할 수 있는 것이어야 한다. 기후 스트레스를 받고 있는 지구에 무력 충돌마저 증가하고 있고 핵전쟁의 위험마저 커지고 있으니, 총체적 난국이다. 전 세계의 1%도 안 되는 핵무기가 도시들을 소각시키면 수백만 톤의 검은 연기가 발생해, 날씨의 손길이 닿지 않는 성층권까지 올라가 지구를 거대하게 감쌀 것이다. 그러면 그 아래의 기후를 차갑고 어둡고 건조하게 만들어, 농업을 대량으로 파괴하고 수십억 명의 생명을 기아에 빠뜨릴 것이다. 이러한 세계적인 자살 폭탄이 불가피하게 다시 사용되기 전에 우리 손으로 반드시 제거해야만 한다. 핵무기의 종말을 선택할 것인가, 아니면 우리 자신의 종말을 선택할 것인가, 둘 중 하나이다. 결과는 이미 정해진 것이 아니라 우리 손에 달려 있고, 시간은 우리 편이 아니라는 사실을 명심하라.

우리가 사는 동안 인간이 만들어 낸 실존적 위협을 두 개나 맞이한다는 것은 무거운 도전이자 막중한 책임이다. 그러나 그것은 또한 절호의 기회를 의미하기도 한다. 우리가 지금이라도 움직인다면 자신과 자신이 소중하게 여기는 것, 지구와 지구의 가치 있는 모든 것, 그리고 아직 태어나지 않은 모든 귀중한 존재를 위해 많은 선을 행할 수 있는 절호의 기회가 될 수 있다. 말 그대로 세상을 구할 기회가 바로 지금이다. 이보다 더 고귀한 목표와 더 큰 선물은 존재할 수 없다. 이 두 가지 작업을 모두 수행하는 데 필요한 해결 도구가 이미 우리 손안에 있다. 우리는 이미 수만 개의 핵무기를 검증 가능한 방식으로 해체하는 방법을 알고 있다. 남아 있는 핵무기들을 안전하게 제거할 수도 있고, 핵무기를 만드는 데 사용되는 재료를 통제하고 생산을 중단시킬 수도 있다. 핵무기를 전면 금지하는 최초의 조약이 조만간 국제법으로 통과될 것으로 기대한다. 우리는 2050년 이전에 온실가스 배출량을 0으로 줄이고, 에너지 효율성을 위한 시스템을 구축하고, 식량 문제를 해결하는 등 지구의 모든 사람들을 안전하고 건강한, 더 살기 좋은 환경으로 인도할 수 있다.

이러한 모든 것들은 개별적으로 존재하는 것이 아니라 유기적으로 연결되어 있다. 생명체가 번성하는 데 필요한 안정적이고 친절한 기후는, 온난화 또는 갑작스러운 핵 빙하기로부터 철저히 보호되어야 한다. 이러한 일을 하려면 큰 사랑이 필요하며, 이 일을 담당할 사람은 누구도 아닌 바로 나 자신이라고 생각해야 한다. 나는 여러분의 불꽃 튀는 열정과 폭발하는 가능성을 본다. 우리의 생명이 달린 문제이니 만큼 지구의 생물권을 보호하기 위해 싸워야 한다. 어떤 이들은 지금 이 순간에도 치열하게 싸우고 있기 때문이다.

J.R.R. 톨킨의 소설 《반지의 제왕》에서 절대 반지의 힘에 부담을 느낀 호빗 빌보 배긴스는 모리아 광산 깊은 곳에서 지혜로운 마법사 간달프에게 이렇게 말한다. "반지가 나에게 오지 않기를 바랐어. 이런 일이 일어나지 않아야 했어." 이에 간달프는 대답한다. "살아 있는 모든 것들이 적당한 때를 보려 하지만, 그것은 그들이 결정할 일이 아니다. 우리는 우리에게 주어진 시간 동안 무엇을 어떻게 할지만 결정하면 된다."

아주 단순하게 들릴지 모르지만, 나는 내 인생의 많은 것들을 두 개의 큰 상자로 나누어 보관하는 것이 유용하다는 것을 알게 되었다. 첫 번째 상자에는, 내게 중요한 것들과 내가 사랑하는 것들을 가득 넣었다. 삶의 모든 단순한 기쁨과 선물들, 사랑하는 이들과 공유하는 것들이다. 두 번째 상자에는 중요한 것들을 보호하기 위해 해야 할 일들을 넣었다. 바로 핵무기를 없애고, 우리의 기후를 돌보는 일이다. 첫 번째 상자로 인해 참 겸손과 양육을 알게 된 나는, 두 번째 상자에서는 반드시 해야 할 나의 책임을 다하고 내가 나아가야 할 바를 고수할 것이다.

내가 지구 위에 사는 축복을 누린 수십 년 동안, 배우고 알게 된 많은 것들이 있다. 내 아이들을 위해, 지금의 당신과 당신의 아이들을 위해 그리고 자연을 위해 세상을 더 안전하게 만들고 싶고, 내가 느끼는 사랑과 깊은 책임감이 강력한 동기부여와 지침이 된다는 사실이다.

우리는 지구에서 찰나의 삶을 살고 있을 뿐이다. 넓고 긴 안목으로 세상을 인식해야 한다. 지구의 생태계를 우선하고, 세대와 세대를 관통하는 큰 시야로 세계를 바라봐야 하며, 좁은 부족주의적 사고를 벗어나 우리의 정체성, 충성심, 양육 책임을 모든 인류, 모든 생물 그리고 지구라는 고향을 함께 쓰는 생명의 공동체로 확장하여 생각해야 한다. 나는 오스트레일리아 북동부에 있는 아넘랜드의 구마츠 족으로부터 얄루미니라는 이름을 받았고, 그 땅 원주민들과 동화되어 그들의 비범한 지혜를 엿볼 수 있는 기회를 누렸다. 수만 년 동안 그들과 함께해온 풍부한 문화와 그들을 지속 가능하게 만든 소중한 지혜를 공유할 수 있는 특권이었다.

나는 오스트레일리아 사람들 대부분이 생존을 위한 매일의 투쟁에 직면하지 않고, 얼마나 많은 기회와 선택, 축복과 특권을 누리며 사는지 목격해왔다. 우리는 이 특권을 누릴 수 없는 사람들과 함께 나눠야 하고, 그들을 대신해 무언가를 해야 할 책임이 있다. 나는 내가 잘 되기 위해 무엇을 할지 고민하는 것보다는 가치 있다고 판단되는 것을 찾아 노력하고, 그 기술을 잘 활용하는 편이 낫다고 생각한다. 여러분도 기회를 잡기 위해 한 단계 앞서 나아가길 바란다. 열린 눈과 마음과 정신을 유지하길 바란다. 특히 매일 주어진 생명과 건강이라는 선물을 당연하게 여기지 마라. 경험된 증거와 전문성을 존중하라. 함께 일할 좋은 사람들, 여러분이 존경하는 사람들을 잘 선택하길 바란다. 오만함을 피하고 누군가의 바보도 되지 말고, 다른 사람을 판단하는 것을 천천히 하라. 매일 친절한 일을 하라. 사람이 아닌 다른 생물들과도 친하게 지내라. 그들은 여러분을 풍요롭게 하는 기초가 되어주고 많은 것을 깨닫게 해줄 것이다.

나는 34살에 암 판정을 받으면서, 방사능 낙진의 보이지 않지만 지속적인 위협과 중요한 것에 집중하는 것의 가치, 중요하지 않은 것들을 떠나게 하는 방법, 그리고 우리의 연약함과 취약성의 현실에 대해 이전에 알지 못했던 많은 것들을 새롭게 알게 되었다. 가장 소중한 것은 누구로부터 얻는 것이 아니라 내가 나에게 주는 것이다. 나의 이 마음이 여러분에게 꼭 전달되기를 바란다. 나의 사랑과 최선을 보낸다.

나만의 답을 찾기 위한
질문의 정석

데이브 울리히_ 미시간대학의 로스 경영대학원 교수이자 컨설팅 회사
RBL그룹의 공동 설립자, 인사 관리 분야의 대가

인간 문제의 근간이 되는 것들에 대해 질문하고 답하는 형식의 강의는 개인적인 반추와 염원을 담게 되며, 과거를 이해하고 관심 있는 것들의 미래를 이야기하도록 만든다. 나는 전문적인 일과 개인 생활에서 더 깊은 생각을 유도하는 질문을 던짐으로써, 평생 배움에 대한 열정을 유지할 수 있었다. 특히 내가 사랑하는 사람들_{자녀,} _{손주, 가족, 친구, 동료}에게 이 네 가지의 개인적인 질문을 해보려 한다.

Q1. 당신이 원하는 것은 무엇입니까?

아마도 우리가 계속해서 스스로에게 물어봐야 하는 가장 중요한 질문일 것이다. 나는 나의 사고와 중요한 관계에 가치를 더하기 위

해 끊임없이 배우고 싶었다. 이 질문에 대해 숙고하기 위한 몇 가지 주의사항을 제시해보겠다.

첫째, 당신의 강점을 기반으로 하는 것입니까? 성공에 대한 당신의 정의는 당신이 하고 있는 일에 열정을 제공합니까? 자신이 진정으로 원하는 것을 알게 되면 자신이 도전받고 해결하며 즐길 수 있는 문제가 무엇이며 중요한 관계가 무엇인지 알 수 있고, 가치 있는 일에 대한 자신의 열정까지도 명확하게 알 수 있다.

둘째, 원하는 것이 무엇입니까? 현실적인 것입니까? 목표는 능력을 넘어서야 하지만, 너무 많이 넘어서도 안 된다. 당신의 꿈이 현실적인지 확인해야 한다. 자신의 장점과 단점을 모두 수용하는 현실성이 있어야 한다. 나는 리더들에게 모래 언덕을 뛰어넘으려 하지 말라고 열심을 다해도 결과가 없는 일에 애쓰지 말라는 뜻 말한다. 할 수 있는 일과 할 수 없는 일에 대해 현실적으로 지혜롭게 판단하라.

셋째, 원하는 그것이 당신을 전념하도록 만드는 데 도움이 됩니까? 성공의 진정한 척도는 당신의 직함, 지위, 영향력뿐만 아니라 사람, 관계, 인맥에도 내재해 있다. 원하는 것이 무엇인지 아는 것은, 선택과 헌신 사이의 이행에 있어 불가피하고 어려운 문제에 균형점을 만들어주고 만족스러운 기분을 느끼게 해준다.

마지막으로, 당신은 계속해서 배울 것입니까? 당신이 원하는 바를 알 때, 어떻게 배워야 하는지를 배워라. 꿈이 현재 자신의 강점과 일치하지 않는다는 것을 정직하게 인식할 때, 진정한 학습이 시작된다. 어떤 학습은 결정적인 용기가 있어야 한다. 자신의 강점이 꿈을 실현하는 데 도움이 된다는 것을 인지하고 있다면, 집중해서 지켜나가야 한다. 원하는 것에 전념하기 위해서, 실험하고, 실패하고, 끊임없이 배우기를 바란다.

Q2. 누구를 도와주고 있습니까?

당신의 강점을 사용하여 다른 사람을 강하게 만들 수 있다. 자원봉사 활동과 다른 사람을 돕는 일은 자신에게 정서적, 신체적, 경제적 웰빙을 함께 선사한다. 당신은 자신의 성공을 누구와 공유하고 있는가?

"오늘은 누구를 도와줄까?" 날마다 자문해보기를 바란다. 당신이 다른 사람을 위해 무엇을 할 수 있을지 늘 생각하고, 당신이 만나는 사람들에 대해 긍정적인 계획을 갖기 바란다. 그리고 "그 사람이 나와의 상호작용에서 좋은 느낌을 가지는 시간이 얼마나 될까?" 하고 스스로에게 자주 물어보아라. 당신은 개방적이고 겸손한 태도로 다른 사람들에게 감사하고, 개선 방법에 대한 상대방의 의견을 구하고, 타인의 일을 이해하고자 귀를 기울이고, 발전을 위해 솔직한 격려를 제공함으로써 상대방이 좋은 느낌을 갖도록 만들 수 있다.

Q3. 어떻게 해야 합니까?

당신은 일하고, 살고, 예배하고, 노는 조직에서 인생의 대부분을 보낼 것이다. 자신과 타인뿐만 아니라 당신이 속한 조직에도 헌신하라. 조직을 강화하여 자신의 일에 영향력을 창출하라. 개인의 노력보다 오래 지속되고 결과가 배가 되는 조직을 만들 수 있다.

당신의 일상적인 행동이 당신이 추구하는 조직문화를 어떻게 만들고 있는지 확인하라. 다른 사람들에게 긍정적인 태도를 취하면, 긍정적인 조직문화를 조성할 가능성이 크다. 성공에 대한 공로를 함께 나누고, 결정하는 일에 다른 사람들을 참여시키면, 팀의 단단한 기반 조직을 만들어나갈 수 있다. 정치적인 형세에 관심을 두기보다는 아이디어 창출과 실행에 집중하고 서로의 실수를 통해서도 배워나가는 것이 있다면, 바람직한 학습 조직을 만들어낼 수 있다. 개인의 가치를 조직으로 가져와 사람들이 윤택함과 번창함을 느낄 수 있는 조직문화로 만들어라.

Q4. 나는 어디에 있습니까?

신앙의 기초가 되는 고전적인 이야기에서, 에덴동산의 아담과 이브는 금단의 열매를 먹고 자신들의 잘못을 깨닫게 된다. 그래서 그들은 자꾸 하나님을 피하려고 하는데, 그때 하나님은 매우 흥미로운 질문으로 그들을 불러낸다. "아담아, 네가 어디 있느냐?" 자, 분명히 하나님은 그들을 보았고 알기 때문에, 그들이 덤불 뒤에 숨어 있다는 사실도 알고 있었을 것이다. 그러면 이 질문이 뜻하는 진정한 의미는 무엇일까. 그것은 우리가 육체적으로 어디에 있는지가 아니라 영적으로, 정서적으로 어디에 있는가 하는, 상당한 의미가 함축된 질문인 것이다. 이 질문의 유익함은 아담과 이브를 향한 것이기도 하고 오늘날 우리를 향한 것이기도 하다. 그렇다. 나는 어디에 있는가? 나는 어디를 향해 가고 있는가? 나는 나의 가치와 신념으로부터 숨으려고 하는가, 아니면 실수를 하더라도 기꺼이 그 가치와 신념을 따르려고 하는가?

현재 자신이 어디에 있는가를 끊임없이 확인하고 평가한다면, 여러 방법을 통해 인생에서 현명한 선택을 할 수 있을 것이다. 이러한 선택들은 개인의 창조력을 충만하게 하며 평화와 기쁨을 경험하는 삶에 분명 도움이 될 것이다.

빅토르 프랭클Victor Frankl은 "인간은 궁극적으로 자기 삶의 의미가 무엇인지에 대한 질문을 남이 아니라 자신에게 물어야 한다는 걸 인식해야 한다"라고 말했다. 여러분들도 나의 질문들을 통해 삶의 의미를 재탐색해보길 바라 마지않는다.

이러한 질문들에 대해 곰곰이, 자주 숙고한다면 이 마지막 강의는 마침표가 아니라 웰빙의 삶을 시작하는 멋진 시작점이 될 것이다.

성공을 위해 물어야 할 질문들과
그 해답들에 관하여

진정한 성공

오늘, 인생이 바뀌었다

대니카 퍼그_ 2010년 올해의 국제교육자상을 수상한, IEDC-Bled
경영대학원 원장이자 전세계 55개국 220개 경영 관련 기관이
회원으로 참여하고 있는 CEEMAN의 협회장

나의 마지막 강의는 매우 개인적인 이야기에서 출발한다. 그것은
내가 초등학교에 입학한 첫날로 거슬러 올라간다. 나는 훌륭한 리
더십의 중요한 덕목들과 헌신적이고 전문적인 가르침에 대한 모든
것을 그날 경험했다! 그것은 계획과 전략, 모범 사례, 질문의 중요
성, 사려 깊은 경청의 태도, 동기부여, 상세하고도 명확한 설명, 책
임감 있는 권한의 부여 등이 제각각, 그러면서도 한데 잘 어우러져
담겨 있는 초콜릿 상자 같았다.

이 이야기를 시작하기 전에, 나는 당신의 이름과 당신 자신에 대
해 흥미로운 점을 말해달라고 부탁하고 싶다. 여러분은 내 의도를
나중에 이해하게 될 것이다.

나는 초등학교에서의 첫날, 첫 선생님, 첫 수업을 기억한다. 정식 수업이라고 할 수 있을까? 아닌 것 같다. 그저 선생님은 새로 모인 우리 반 친구들에게 그들의 이름을 하나하나 말하게 했다. 나는 한 동네에서 자란 친구들의 이름을 이미 다 아는 상태였지만, 선생님에게는 그렇지 않았을 것이다. 선생님은 가족과 형제자매 관계, 가장 좋아하는 것 그리고 내가 한 번도 중요하다고 생각해보지 않은 온갖 동물과 색깔 등등의 잡다한 질문들을 어린 우리들에게 물었다. 때때로 그녀는 우리가 서로의 이야기를 더 잘 들을 수 있도록 조용히 하고 자세를 바르게 해달라고 요청하기도 했다.

선생님은 우리가 배우고 이해해야 하는 중요한 것들을 설명해주었고 읽기, 쓰기, 숫자 세기, 그림 그리기, 체육뿐만 아니라 자주 숲이나 농장을 방문하기 위해 나무의 중요성과 동물들을 다루는 방법에 대해 가르쳐주었다. 선생님은 우리 중 많은 아이들이 실제로 크고 작은 농장에 살면서 가축들을 부린다는 것을 알아서 더 그랬던 것 같다. 그녀는 학교 한구석에 정원을 만들어 우리가 그곳에 대한 책임감을 갖게 만들었고, 여러 종류의 식물들을 키워보라고 격려했다.

나는 그 첫날을 결코 잊을 수 없다. 누군가 내 이름을 크게 부르면, 그때의 나로 돌아가는 것만 같다. 나는 나중에야 어떻게 '가르치는' 행위 없이 나로 하여금 삶의 중요한 교훈들을 그토록 많이 배울 수 있게 만들었는지 깨달을 수 있었다. 그것은 단순히 그 사람의 이름이 무엇이냐를 넘어서 '그 사람이 누구인가'에 대한 탐구였다는 것을 뒤늦게 알게 된 것이다. 그때 우리가 말한 모든 정보에 대해서 선생님이나 다른 아이들은 어떤 말도 덧붙이지 않고 듣기만 했다. 때때로 선생님은 그 내용에 만족한다는 것을 보여주었고 누군가가 재미있는 이야기를 하면 함께 웃었다. 그렇게 선생님은 우리가 말하고 설명하는 것을 진심으로 도와주었다. 그래서 나는 질서와 규율이란 것이 딱딱한 방식의 언어가 아니라, 잘 경청하는 사람이 되기 위한 방법 혹은 도구라는 것을 자연스럽게 알게 되었다. 또한 배움이란 교실 밖에서도 이루어질 수 있다는 사실을 알게 되고서 뛸 듯이 기뻤다.

첫날 학교를 마치고 집으로 돌아왔을 때, 어머니가 "오늘 학교에서 무엇을 배웠니?" 하고 물었다. 그때의 나는 어떻게 대답해야 할지 몰랐는데, 지금이라면 자신 있게 말할 수 있을 것 같다. "오늘 제 인생이 바뀌었어요"라고.

이제 이 마지막 강의를 준비하면서, 나는 스스로에게 묻는다. "이 강의의 말미에 학생이나 참가자'참가자'라는 개념이 자신의 적극적인 역할을 표현하기 때문에 더 좋다가 '이 강의가 나의 인생을 바꿨어요'라고 말할 수 있게 하려면 이 강의를 어떻게 시작해야 할까?" 만약 그때의 선생님이 구태의연하게 알파벳 첫 글자를 가르치거나우리 중 일부는 이미 할 수 있었던 것 혹은 1 더하기 1이 얼마인지를 알려주었다면, 나는 특별한 경험을 하지 못했을 것이다.

지식을 기능적으로 전달하기만 하는 강의나 프로그램은 결코 삶을 변화시키지 못한다. 만약에 새로운 지식이 개인의 목표와 윤리적 기준까지 추가하여 개인의 발전에 관련된다면, 예상치 못했던 잠재력이 생겨날 수 있다. 새로운 숫자, 공식, 아름다운 글도 비로소 목표에 가닿는 순간에 의미가 부여되며, 사고방식이나 환경에도 더 큰 영향을 미칠 수 있다. 따라서 우리에게 제공되는 교육 자료가 단순히 자료나 물질이 아니라 우리의 상황에 도움이 되느냐 아니냐 하는 점이 매우 중요하다. 그래서 당신의 이름, 개인적인 환경, 직업, 책임, 그리고 당신이 새로운 지식과 기술을 찾아 왜 여기에 왔는가 하는 이유가 중요하다. 이 모든 것을 묻는 행위는 형식적이고 의례적인 것이 아니라, 효과적인 학습 환경을 제공하는 데 반드시 필요하기 때문이다.

내가 강의할 때, 학습 참가자들에게 휴대폰이나 전자 기기 사용을 금지시키는 이유는 지금의 디지털 세상에 대해서 잘 모르고 뒤처져서가 아니라, 학교에서의 첫날이 얼마나 중요한지, 잘못된 정보에 의해 방해받지 않고 서로를 잘 관찰할 수 있는 환경을 만드는 일이 얼마나 중요한지를 체득하게 해주고 싶기 때문이다. 나는 외부 세계와 소통하면서 이루어지는 학습 관계를 굳게 믿는다. 그저 이메일을 주고받는 식의 수업을 말하는 것이 아니다. 자연이 주는 교훈, 농장 방문을 통해 배운 많은 것들을 프로그램에 실제 사례들로 활용한 경험이 있기 때문이다. 나는 IEDC에서 일할 때, EMBA Executive MBA 프로그램에 실제의 컨설팅 프로젝트를 통합하여 성공을 거둔

진정한 성공

적이 있다. 우리는 내전으로 불안정한 사라예보, 보스니아, 헤르체고비나에서 조직된 리더십 프로그램을 이용하여 가장 만족스러운 결과를 얻었다. 이 프로그램에서 비즈니스의 리더는 갈등의 결과, 생존에 대한 사람들의 충동과 충돌, 가장 어려운 상황에서도 예술을 도구 삼아 아름다움을 추구하려는 노력, 완전히 분열된 사회를 재통합하려는 노력에 직면하는 것을 볼 수 있었다. 교실에 가만히 앉아서 머릿속 상상과 책을 파는 연구만으로는 이런 것들을 알아낼 수 없다.

한 친구가 뱀에 물려 죽은 사건이 있은 후에, 자연을 바라보는 나의 태도는 '중립적'인 데서 '낭만적'인 것을 거쳐 '현실적'으로 바뀌었다. 교실 안에서 교과서로 배우는 배움은, 친구들과 함께 자연의 피해자인 친구의 묘지 앞에 서서 장례식을 치르는 경험만큼 강렬할 수 없다.

나는 강한 영향력을 가진 최고위 경영진을 교육하는 일이 중요하다고 생각한다. 물론 그들의 기능적인 지식을 심화시키고, 새로운 기술 습득의 중요성을 알리는 것도 중요하지만, 무엇보다도 사고방식에 미치는 영향을 강화하는 활동이 가장 중요하며 강력하다고 본다. 나는 또한 현실주의자가 되는 것이 리더십 계발의 마지막 지점은 아니라고 확신한다. 낭만주의가 없다면 더 나은 미래에 대한 꿈도, 대안에 대해 생각하고 싶은 의욕도, 개선하거나 혁신할 필요도 가질 수 없을 것이다.

학교를 입학한 첫날, 부모님을 동반하지 않은 학생은 나뿐이었고 선생님은 나에게 다섯 번째 줄에 앉으라고 하셨다. 나는 어머니가 첫 번째 줄에 앉으라고 했다며 즉시 선생님에게 말했다. 선생님은 나의 당찬 의사 표현에 놀라셨던지 바로 내가 원하는 첫 번째 줄에 앉혀주셨다. 선생님은 나의 어머니를 두려워해서가 아니라, 어린 나의 결정에 대한 주도권을 높이 샀던 것으로 보인다. 만약 그때 선생님이 나에게 그냥 다섯 번째 줄에 앉아 있으라고 복종시켰다면 어떤 일이 일어났을까? 얼마 지나지 않아, 나는 선생님이 왜 처음에 나를 다섯 번째 줄에 앉히고 싶어 했는지를 알게 됐다. 내 키를 고려한 결정이었다고 알려주었기 때문이다. 선생님은 내 요구에 대해서도 충실했지만, 자신의 결정에 대한 이유도 잘 설명해주었다. 그 이유는 선생님의 개인적인 취향이 아니라, 학생들에게 어떻게 하면 최선을 다할 수 있을까 하는 고민이 반영된 것이었다. 또 적당한 선에서 대충 마무리 지을 수 있었음에도 그렇게 하지 않았다. 선생님이 내 이름 말고도 나에 대해 더 많은 걸 알고 싶어 하며, 내 요구를 진지하게 받아들여주었다는 점에서 선생님의 행동은 높이 살 만하다.

이 글 처음에, 내가 왜 당신의 이름을 묻고 당신에 대해 설명해달라고 했는지 이제 알게 되었으리라 믿는다.

진정한 성공

인생 사용법

제임스 맥거프_ UCI에서 맥거프 홀을 만들어 그의 공로를 인정한,
세계적인 신경생물학자

강산도 변한다는 10년이란 세월을 무려 9바퀴를 돌며, 나는 인생에서 중요한 것들에 대한 생각을 축적해왔다. 그동안 내가 배운 경험과 중요한 결정이 여러분에게 도움이 되었으면 하는 희망으로 몇 가지를 나누고자 한다.

개인의 책임

첫째, 우리 모두는 각자의 삶에 책임이 있다. 나는 일찍이 그것을 배웠다. 내 아버지는 2차 세계대전이 시작되기 직전에 돌아가셨다. 내가 9살 때였다. 당시의 어머니는 모아둔 재산도, 상속 재산도, 직업도 없었기 때문에, 나는 내가 원하는 것이나 필요한 것이 있으

면 내 손으로 해결해야만 한다는 것을 깨달을 수밖에 없었다. 번화가의 길모퉁이에서 구두를 닦고 신문을 팔아 돈을 벌기 시작했다. 1941년 12월 7일에 기록적으로 신문 100장을 팔아서 첫 수입으로 중고 자전거를 샀다. 신문을 더 많이 팔기 위해서는 자전거가 필요했고, 그 자전거로 신문을 배달하며 매일 비포장도로 17마일을 왕복했다. 몇 년 후 고등학생이 되었을 때, 나는 오후 시간을 이용해 기계 공장에서 일을 시작했고 첫 자전거를 오토바이로 바꾸었다. 그리고 다시 1년 후, 낡고 후진 중고차를 나의 첫 차로 마련하는 기쁨을 누렸다. 많은 수리가 필요했지만, 고쳐서 타는 것도 큰 즐거움이었다.

역경은, 미래에 대한 책임이 나에게 있다는 것을 알려주었기에 인생의 큰 자양분이 되었다. 인생에 도움이 필요한 순간, 먼저 자신을 돌아봐야 한다는 확고한 신념도 생겼다. 물론 가끔은 다른 사람들의 도움이 필요할 때가 있지만, 우리 자신에게서 자원을 찾아 자립적으로 해결하는 것이 중요하다. 책임은 우리 각자에게 있다. 그것이 내가 살아온 삶이며, 당신의 삶도 될 수 있다.

지적이고 개인적인 자유

부모님과 세 명의 형들은 모두 대학을 다녔지만, 막상 내가 대학에 진학할 것인지, 공부에 뜻이 있는지에 대해서는 집에서 크게 신경 쓰지 않았다. 고등학교 때 나는 밴드부에서 클라리넷을 연주하

진정한 성공

고 성악을 했으며, 연극부에서는 학교와 지역 사회, 소극장에 올리는 연극을 준비하곤 했다. 그래서 나는 음악과 연극의 강점을 살려 대학 진학을 결심하게 되었다. 하지만 대학 생활을 하면서 나의 주요 관심사는 점차 과학으로 옮겨갔고, 결국 실험·생리심리학 분야로 전공을 정하게 되었다. 그러다가 대학원에 진학해 교수가 되기로 마음먹기에 이르렀다.

나는 내 삶과 경력에 대해 잠재적인 결정들을 스스로 자유롭게 내릴 수 있었다. 우리는 설령 타인의 압력을 받는 상황일지라도, 자신의 관심사를 스스로 계발하고 표현하며, 직업을 결정할 때 자발적으로 선택할 수 있어야 한다. 물론 그 결정은 여러 가능성을 열어두어야 한다. 대학생들은 다양한 학문의 과정을 수강하고 새로운 아이디어, 질문, 지식이 직업과 삶의 결정에 잘 스며들도록 해야 한다. 그리고 대학을 졸업하고도 새로운 아이디어와 지식을 지속적으로 축적하여 삶의 중요한 결정을 내릴 때마다 사용해야 한다. 다시 말하지만, 그것이 우리의 삶이다. 어떻게 살 것인가에 대한 방식을 선택하고 변경하는 기회는 계속 주어진다.

교육에 대한 투자

성공한 민주주의 사회는 다수의 교육받은 시민을 근간으로 한다. 교육에 대한 보장과 폭넓은 기회가 민주주의의 핵심이다. 민주주의 사회는 모든 사람에게 균등하게 교육의 기회를 제공해야만 한다.

내 부모님이 어렸을 때는 미국 인구의 10% 미만만 고등학교 졸업장을 가지고 있었다. 내가 어렸을 때만 해도 고등학교 졸업자가 50% 미만이었다. 그러나 성공적인 민주주의 사회를 위해서는 교육을 받은 대중이 필수적이라는 사실을 점차 강하게 인식하게 되었고, 지금은 고등교육이 필수가 되어 국가의 공적인 지원으로 운영되고 있다. 이것은 우리 사회가 할 수 있는 가장 중요한 투자인 셈이다.

이제는 대학교육에도 동일한 공공투자가 이루어져야 한다. 1950년대 중반 내가 대학생일 때만 해도 대학교육이 국가 지원으로 인해 무료였다. 나는 연구비로 약간의 비용만 지불했고 공식적으로 내야 할 학비 같은 것은 없었다. 아마 등록금이 있었다면 나는 대학에 가지 못했을 것이다. 덕분에 개인 생활비를 충당하기 위해 알맞게 아르바이트만 뛰면 되었다. 현재 내가 관여하는 대학들은 학생들로부터 등록금을 받고 있기 때문에 학생들이 아르바이트 수입만으로는 대학 생활을 이어나가기가 불가능하다. 공적 의무교육이 민주주의 사회의 필수라는 사실을 아는 지금의 상황에서, 왜 대학교육이 무료로 제공되지 않는 걸까. 교육의 기회는 가정의 재정 상황에 따라 좌우되거나 제한되어서는 안 된다고 생각한다. 나는 시대를 잘 타고 나서 다행이었지만, 아무쪼록 다 같이 잘 사는 세상을 위해서, 교육받은 시민들의 참다운 민주주의 사회를 이루기 위해서 교육의 모든 단계가 무료로 이루어지도록 노력을 기울여야 한다.

여가 시간의 중요성

나는 대학교수로서 수십 년 동안 대부분의 시간을 연구 수행, 강의, 기사 작성 등 학문적인 추구의 시간으로 보냈다. 특히 연구와 글쓰기에는 무제한의 시간을 쏟아부은 것 같다. 그것이 나에게 도움이 되었음은 말할 것도 없고, 오히려 학문적인 시간을 보낼수록 비학문적인 일에도 시간을 할애해야겠다는 절실한 필요성을 느끼게 되었다. 나는 수년 동안 일주일에 여러 번, 얼마나 많은 시간을 뛰었는지 모른다. 달리는 자체가 즐겁기도 하고 나에겐 새로운 실험에 대해 생각할 수 있는 기회의 시간이 되었다. 과학 분야의 경력을 쌓기 위해서 나의 어릴 적 관심사였던 음악에 대한 애정을 버리지도 않았다. 수년 동안 전문 합창단에서 노래를 부르고 있고, 재즈 그룹과 합주부에서 클라리넷과 색소폰을 연주하고 있다. 아울러 목공이라는 새로운 취미도 익혀, 내 아이들과 손주들을 위한 가구와 장난감을 만드는 쏠쏠한 재미를 누리고 있다. 이렇듯 취미는 우리의 삶을 더 풍요롭게 만들어준다. 그것들은 확실히 내 인생을 재미있게 만드는 데 기여했다. 우리의 인생을 흥미롭고 재미있게 만들어주는 방법이라면 일생 동안 계속해나가는 것이 좋지 않겠는가. 이 지구라는 행성에서의 짧은 인생, 다시 오지 않을 소중한 기회 속에서 말이다.

기억에 대하여

우리에게 배우고 기억하는 능력은 의심할 여지 없이 가장 중요한 능력이다. 우리란 그냥 우리의 추억 자체인 것이다. 뇌는 우리가 알고 있는 것 중에서 가장 복잡한 구조일 뿐만 아니라, 미래의 무수한 결정들과 행동들이 가능하도록 과거의 무수한 기록들을 저장하고 유지하는 역할을 한다. 우리의 기억은 상상력, 발명, 문화 등 모든 것을 가능하게 하는 장치이다.

나는 이제껏 쌓아온 학문적 경력과 연구를 통해, 우리의 두뇌가 이러한 중요한 작업을 수행하는 데 있어 방법과 이해도를 높이고자 노력해왔다. 그리고 수많은 과학 분야의 인재들과 함께 연구한 결과, 인간에게 있어 '감정적으로 중요한 경험'이 특히 뇌에 잘 기억되고, 인생 전반에 상당한 영향을 미친다는 결론을 내놓게 되었다. 이것은 신경생물학적으로 의미 있는 큰 성과로 평가받는다. 나는 내 인생에 함께한 가족, 친구, 학생, 동료들로 인해 감정적으로 보람 있고 멋지고 인상적인 경험들을 많이 할 수 있었다. 그것들을 저장한 나의 뇌 시스템으로 인해 행복하고 풍요로운 삶의 혜택을 온전히 누릴 수 있었다. 나의 추억을 만들어준 모든 존재에게 감사의 마음을 전하는 것으로 이 글을 맺는다.

진정한 성공

두 개의 세계, 두 가지 관점

아론 마커스_ 인터페이스 디자인 업계의 권위자이자
퉁지대학의 디자인혁신대 교수

내 인생의 마지막 날, 마지막 강의라는 이 나눔의 시간은 묘한 느낌과 함께 즐거운 기분을 선사해준다.

내 나이 어느덧 여든이다. 1943년 미국 네브래스카주 오마하의 중서부 작은 마을에서 시작된 나의 성장기는 2차 세계대전과 냉전 시대를 관통하며 텔레비전의 보급, 3D 영화의 도래, 로큰롤 뮤직, 우주탐사, 훌라후프의 유행 등이 꽃핀 시대였다. 그 꽃밭 속을 지나온 나의 인생을 되돌아볼 때, 나는 아래의 몇 가지 꽃을 꺾어 나만의 화병에 넣어볼까 한다.

- 과학과 기술
- 시각예술, 시각 커뮤니케이션과 시각디자인

- 종교적인 나의 믿음과 행동
- 사람들과의 만남과 교제 그리고 배움

어릴 적에 나는 다른 행성에 존재할지도 모르는 생명체와 우주선 그림을 자주 그렸고, 집 지하실에 처박혀 상상의 로켓 우주선 제어 패널을 위한 인간과 컴퓨터의 인터페이스를 설계했으며, 디즈니 만화 캐릭터를 그리는 연습을 꾸준히 했다. 작은 장난감 인쇄기로 이웃의 소식을 담은 마을 신문을 발행했으며 고등학교 교내 신문 창간을 돕고, 친구들과 함께 '철학적' 고찰을 한다는 명목으로 쇼핑몰에 가서 사람들을 연구하기도 했다.

이러한 나의 관심사와 경험들은, 내가 세상 어떤 출입구에 홀로 서서 항상 두 개의 세계를 바라보는 야누스_{로마신화에 나오는 얼굴이 두 개인 문의 수호신} 같다는 생각마저 들게 했다. 나는 이 두 세계의 사람과 언어가 상호 간에 어떻게 작용하는지에 대한 탐구와 기술을 갖추게 되었으며, 항상 다른 세계가 존재하고 있다는 인식을 통해 내가 현재 경험하고 있는 것을 먼발치에서 객관적으로 평가하고 색다른 시점으로 살펴볼 수 있었다. 나는 학창시절에 예술과 디자인은 물론, 과학과 기술에도 감각이 있는 학생이었고, 이 두 분야를 접목시켜 '인간과 컴퓨터와 기술'을 '시각적 언어'로 푸는 나의 전문 분야를 개척하게 되었다. 나는 야누스로서 언제나 두 세계로부터 배우고 또 두 세계에 기여하려는 노력을 게을리하지 않았다.

나는 프린스턴대학에서 물리학을 전공하며 기존의 미디어와 컴퓨터를 기반으로 한 연구, 디자인, 예술 제작실험적인 시각적 언어로서의을 할 수 있는 행운을 얻었고, 1960년대에 예일대학에서 예술과 건축 분야의 그래픽디자인을 전공하고 수료하는 것으로 긴 탐구 여정의 마침표를 찍을 수 있었다.

물리학 학위를 위해 4년 동안 수학, 논리, 과학의 언어를 집중적으로 연구한 후, 다시 시각디자인 세계의 언어를 배우는 일은 내게 쉽지 않은 도전이었다. 나는 동료들이나 교수님들과 표면적으로 소통하는 데 전혀 문제가 없었지만, 실상 그 분야에서 그들이 전문적으로 나누는 대화에 대해서는 도통 이해할 수 없을 때도 있었다. 1967년 봄, AT&T 사와의 인터뷰를 통해 벨 연구실Bell Labs의 인턴 연구원이 될 수 있었고, 그곳에서 시각 커뮤니케이션을 지원하는 컴퓨터의 잠재력에 대한 집중 연구를 시작하게 되었다. 아마도 20년 동안 노력하여 어느 정도 유창하게 된 영어, 라틴어, 히브리어, 독일어 등의 언어 능력과 그래픽디자인, 컴퓨터그래픽 분야의 프로그래밍, 언어 및 시각언어에 대한 풍부한 경험의 조화가 결국엔 나를 예정된 길로 인도했으리란 생각이 든다.

대학원을 마친 후, 나의 두 세계가 '정보 지향적 컴퓨터를 기반으로 하는 그래픽디자인 기술information-oriented graphic design for computer-based technology'이라는 하나의 지붕 안으로 통합되기까지 약 15년의 세월이 걸렸다. 사람들은 나를 정열적이고 헌신적이며 끈기 있다고 말하는데, 이러한 과정 속에서 내가 배운 교훈들이 있다.

첫째, 인간 문명을 완전히 이해하고자 하는 사람들은 하나 이상의 '언어언어적, 시각적, 학문적 언어 및 프로그래밍 언어'를 배우는 것이 좋다. 다양한 방식으로 자신을 표현하고, 생각하고, 다양한 부류의 사람들을 만나서, 다양한 사고로 우리가 사는 세상을 이해할 수 있기 때문이다.

둘째, 구조적인 관점에서 볼 때, 즉 시스템 지향적인 눈으로 볼 때, 의사소통에 있어서는 논리나 기호학에 대한 호기심이 중요하다. 논리, 수학, 공간 활용 등은 우리에게 내적이고 지적인 충만감을 가져다준다.

셋째, 나는 낭만적이고 감정적이며 열정과 영성의 사람이다. 나는 다른 사람들도 그러한 부분들을 계발하고 자신에 대해 적극적으로 표현하며, 자신의 관심사를 정열적으로 추구하길 바란다. 동시에 타인을 돌보고 소중히 여기는 법도 배워야 한다.

나는 미니멀한 건축과 디자인, 끈 이론string theory, 만물의 최소 단위가 점입자가 아니라 '진동하는 끈'이라는 물리 이론, 교토 료안지의 일본식 선zen 명상 정원, 헬베티카 서체로마자 산세리프 글꼴의 하나, 최신 기술의 장난감을 좋아한다. 나는 바로크 시대의 음악과 일본 만화, 1930년대의 탐정 소설과 영화, 로큰롤 음악 듣기를 좋아하고, 가족과 함께 휴가를 즐기며 이웃과 친구들을 초대하기 위해 요리하는 것을 좋아한다.

나는 양쪽 세계에 발을 디딘 야누스로서의 모든 경험을 통해, 세계를 보는 눈에는 어느 하나만 옳거나 어느 하나만 틀릴 수는 없고, 수많은 방법과 시각이 있을 수 있다는 것을 깨달았다. 다만 무엇을 조금 더 선호하고 관심을 갖는가에 대한 개인적인 차이만 있을 뿐이다.

이러한 나의 신념을 확고하게 하기 위해, 나는 나 자신과 회사를 위한 슬로건을 만들었다. 1982년에 설립한 회사 아론 마커스 앤 어소시에이츠Aaron Marcus and Associates는 소프트웨어에 대한 정보를 시각화하고 사용자 인터페이스를 지적으로 설계하고 평가하는 작업을 통해, 많은 이들이 보다 효율적이고 빠르게 결과에 이를 수 있도록 돕고 있다. 이것이 나의 슬로건이자 모토이다. 이 일만 잘된다면, 나는 더 나은 세상을 만드는 데 일조하는 것이다.

나는 사람들을 만날 때, 그들에 대해 알아가고 배워가기 위해 낯선 사람에게 선뜻 다가가 당신이 누구인지, 어디서 태어나고 자랐는지, 이름의 뜻이 무엇인지, 가족관계가 어떤지 등등에 대해 묻고 답하는 것을 주저하지 않는다. 그렇게 시작된 이야기는 예측 불허로 자연스럽게 흘러, 어느새 가깝거나 먼 어느 장소, 낯설고도 흥미로운 어떤 사람의 인생 역전 스토리, 인류 역사의 일부, 가족, 종교, 가치, 정치에 대한 복잡다단하고 감동적인 이야기로 우리를 데려다놓는다. 사람과 사람이 서로의 독특한 상황에 진실로 관심을 갖는다는 것은 항상 긍정적인 신호가 아닐 수 없다.

이러한 상황은 새로운 비즈니스의 관계와 지평을 넓히고, 목표를 설정하는 데 중요한 구성 요소이다. 어쨌거나 나는 열정적으로 사람들의 이야기를 듣고 또 나의 이야기를 하는 것을 좋아한다.

어려서부터 지금까지, 전문가 된 지금에 이르러서도 나는 세상을 탐험하고, 배우고, 감사하고, 발전하기를 멈추지 않았고, 더 큰 세상으로 나아가기 위한 노력을 게을리하지 않았다. 그리고 나의 이러한 노력들이 다른 이들에게 세상을 이해하고 소통하려는 도전 의식을 안겨준다면 그것으로 충분하다.

나의 인생은 앞에서 말한 네 가지 관심사에 전념하며 그 세계들을 결합하고자 부단히 노력했던 시간들이었다. 물론 그것들을 개별적으로 즐겨야 하는 순간들도 있었다. 인생 여정을 통해, 나는 세상이 복잡하고 다양하기 때문에 아름답다는 사실을 체험하고 감사하게 되었다. 우리가 맞닥뜨리는 인생의 문제들은 복잡하고 생경하지만, 그 해결의 열쇠는 인간 사유의 능력, 상상력, 관심, 역사적 맥락에 있다.

나의 일생은 가족, 친구, 고객, 동료에 대한 나의 책임을 수행하는 것에 있었다. 그리고 실제적으로 나는 내가 예상했던 것보다 그들에게 더 많은 일을 해줄 수 있었다. 길다 하면 길고 짧다 하면 짧을 수 있는 시간 동안, 나는 인내와 사랑, 지혜를 통해 크고 작은 성취들을 거두었다. 그리고 이러한 인생 후배들과의 만남과 나눔이 내게는 성찰이자 성취라고 느껴진다.

34강

삶을 어떻게 리딩할 것인가

조엘 피터슨_ 스탠퍼드대학의 경영대학원 교수이자
Packsize International의 이사회 의장,
前 제트블루 항공사의 회장, '신뢰의 힘'의 저자

인생은 '무언가를 운영'하는 것이다. 무엇을 어떻게 꾸려가든 효율적으로 운영해야 한다. 그것은 가족이 될 수도 있고, 회의가 될 수도 있으며, 수업 또는 비즈니스가 될 수도 있다. 일을 효율적으로 운영하는 데 필요한 교훈은 더 나은 인간이 되기 위한 필요조건과 동일하다. 그 교훈은 '리더십'과 '관리'에서 찾을 수 있다. 나는 내 인생과 다른 이들의 인생의 굴곡을 면밀히 지켜봄으로써 이 명제에 대해 연구할 수 있었다.

이 연구의 가장 중요한 결론은, 내가 40년 동안 기업의 CEO를 맡는 등 사회생활의 정점에 있었던 시기에 나온 것도, 잘나가는 기업가나 개발자 또는 투자자로 일할 때 나온 것도 아니라는 점이다. 내 일생의 리더십의 역사를 돌이켜보면, 가장 중요한 교훈은 각계각층

의 사람들과 함께 일하고, 희생하고, 약속을 이행하고, 무엇보다도 역경을 극복하는 데서 나온 것이었다.

내가 처음으로 사업을 시작한 것은 11살 때였다. 나는 직원 한 명, 즉 나의 6살 된 동생을 데리고 채소 재배 사업을 시작했고, 그 직원은 빨간색 짐수레를 끌고 이웃에게 신선한 채소를 배달했다. 그때부터 나는 일생 동안 쉼 없이 일을 했다. 청소년기에는 식당 허드렛일과 설거지 도우미, 신문 배달원, 우체부 등 닥치는 대로 일했다.

다음은 내가 리더십 및 관리 역할을 하게 되면서 얻은 결론의 핵심이다. 사업, 가족 생활, 지역 사회 등 무엇을 운영하든, 모든 리더십은 '자기관리self-management'가 선행되어야 한다. 가능성을 예견할 수 있는 능력과 자제력을 가지고 자신의 삶을 제대로 살지 못한다면, 남을 이끄는 것은 더욱 어렵다.자신의 삶을 자신의 방식대로 잘 운영하는 자녀를 둔 부모를 보면 이를 알 수 있다. 비즈니스에서 '자기 지배 또는 자제력self-mastery'은 신뢰감을 생성하고, 그 신뢰감은 훌륭한 팀원과 고객 유치, 자본의 확보, 건물을 구축하는 성과를 가져온다. 이러한 크고 작은 신뢰가 쌓여 브랜드의 지속성이 생기는 것이다.

자기 자신을 지배하려면 말과 행동 사이의 간극을 알아야 한다. 델포이 신전의 비문에는 '너 자신을 알라'라고 새겨져 있는데, 이와 같이 소크라테스는 "성찰하지 않는 삶은 살아갈 가치가 없다"고 가르쳤다. 나는 수년 동안 나 자신의 말과 행동 사이의 간극을 조사한 결과, 몇 가지 불편한 결론을 마주하게 되었다. 나는 부모, 동료, 교사 등과 관계되는 내 삶의 '운영 체제'를 다시 생각해봐야 했고, 스스로와의 대화를 통해 내가 사람과 사건에 대해 어떻게 반응하고 변화할 것인지를 재정립해야만 했다. 나는 나 자신을 위한 3가지 주문을 개발했고, 아직까지도 스스로에게 이 말을 반복해서 하고 있다. 종종 패배감이 엄습할 때, 이전과 같은 방식으로 반응하고 싶은 유혹이 있을 때, 하루에도 여러 번 그걸 외워본다. 인생의 모든 불확실성, 즉 스트레스, 실망감, 도전의식에 대해 나의 반응이 자연스러워질 때까지 계속 되뇌어보는 것이다.

"나에 대한 것이 아니다." 전반적인 사명에 관한 것이며 다른 사람들이 '승리'하도록 돕는 것에 관한 것이다.

"감정과 나를 동일시하지 말고, 감정을 지나가게 하라." 나는 나의 반응을 제어하여 결과를 바꿀 수 있다.

"나는 필요한 모든 것을 가지고 있다." 나의 실수에 대해 환경이나 다른 이들을 탓하지 않는다.

나는 자연스러운 '감정선'으로 대체하는 작업을 통해, 좀 더 나은 모습의 나로 발전할 수 있었고 내면의 평화도 찾았다. 그 변화는 타인에게서 존경하는 부분을 찾아내고, 현실과 역사 속에서 멘토링^{조언}을 찾는 법을 알아냈다. 나는 자제력과 성실함을 바탕으로 한 훌륭한 리더가 되려면 갈 길이 멀어 보였다. 진정한 세계 정상급 리더들을 40년 이상 관찰한 후, 나는 상위 10가지의 모범 사례를 다음과 같이 정리할 수 있었다.

훌륭한 팀을 구성하라

리더의 가장 중요한 임무는 훌륭한 팀원들로 구성된 팀을 짜는 것이다. 공통의 가치를 공유하고, 같은 목표 지점에 오르고자 하며, 합리적이고 상호 보완적인 기술을 보유한 자들을 고용하는 일에서부터 시작하는 것이다. 이 일은 안타깝게도 이 팀에 적합하지 않거나, 성과가 없거나, 다른 이들과 갈등을 빚는 사람들을 정리하는 것까지 포함한다. 이러한 가치를 신속하게 식별하여, 제외된 이들은 다른 곳에서 행복을 찾을 수 있도록 도와야 한다.

고용의 기술이란 완벽하지 않기 때문에, 사람을 내보내는 방법을 잘 아는 것이 중요하다 가능하다면 초기에 빨리. 그리고 그들이 실수를 저질렀다는 것 외에, 실망의 원인이 되었다는 것을 깨닫게 하면서, 품위 있는 관대함으로 대하는 것이 중요하다. 훌륭한 인재를 발탁하고, 알맞은 일에 투입하고, 즉각적이고 구체적인 피드백으로 코칭하고, 성취를 축하해주고, 목표를 재조정해주는 일도 중요하지만, 그 일에 적합하지 않은 사람들을 먼저 정리하는 것도 효율적인 운영의 선행 조건 중 하나이다.

진정한 성공

효과적인 피드백을 제공하라

나는 피드백을 '챔피언의 아침 식사^{매우 중요한 것, 규칙적인 루틴이 되어야 한다}는 의미'라고 부른다. 나는 피드백이 구체적이며, 개선을 위한 제안이 담겨 있고, 개방성과 신뢰성을 바탕으로 하며, 후속 조치와 함께 제공될 때 가장 효과적이라는 사실을 알게 되었다. 가끔은 자신을 세계적인 수준의 재능인을 개발하는 담당 코치로 상상하고 피드백을 해야 한다. 좋은 지침이 될 만한 것들을 소개하겠다.

- 피드백에 대한 허락을 구하라.
- 피드백을 주고받는 것을 재미있게 만들어라.
- 양방향으로 소통하라.
- 피드백에 대해 감사를 전하고, 문제 해결을 위해 무엇을 노력하고 있는지 알려주어라. 때로는 규정보다 감정적인 지지와 응원이 중요하다.
- 문제 해결이 가까워지면 함께 축하하라. 명확하고 직접적이며 실행 가능한 피드백은 문제 해결로 가는 지름길이다.

이 모든 것은 긍정적인 피드백의 순환을 만드는 데 중요하다.

나는 토요일마다 제트블루 에어웨이의 CEO인 데이브 바거와 정기적으로 통화를 하는데, 유머러스한 그는 때때로 나에게 '아침 식사'를 차려달라고 말한다. 피드백을 해달라는 재미있고 친근한 표현에 나는 아침을 안 차려줄 수가 없다.

신뢰를 구축하라

나는《신뢰의 10가지 법칙》이라는 책을 썼다. 신뢰가 높은 조직은 신뢰가 낮은 조직보다 효율적으로 일하며, 신뢰가 낮은 조직은 정치적인 부분의 부담이 크고 쉽게 혁신할 수 없다는 사실을 수십 년 동안의 연구를 통해 밝혀냈다. 또한 위기상황이 발생했을 때 높은 신뢰가 가장 강력한 자산이라는 것도 알게 되었다. 그리고 문제가 발생하기 전에 높은 신뢰 환경위험 감당 능력, 실패 복구 능력과 존중받는 구성원으로서 의미 있는 일을 하고 있다는 자긍심이 필요하다는 것도 알게 되었다. 높은 신뢰 환경을 만들기 위해서는 무엇보다도 자신을 믿고 따라주는 이들에 대한 존중이 필요하고 상호작용을 바탕으로 한 신뢰가 선행되어야 한다.

굳은 신뢰를 주면 배신을 당할 위험도 있지만, 대부분의 경우 장점이 단점을 능가한다. 나는 혹여 배신을 당해 용서와 관계 개선의 힘든 과정을 거쳐야 한다고 해도, 모든 상황을 받아들이고 언제나 상대방을 신뢰하는 쪽을 택한다.

두려움을 극복하라

루즈벨트 대통령이 1910년 소르본에서 했던 연설 '경기장에 선투사Man in the Arena'를 읽을 때마다 나는 내가 학생들과 자녀들에게 하는 말을 떠올리곤 한다. "네가 얻고자 하는 것이 건너편에 있을 거라는 확신을 가지고 너 자신을 급류 속으로 던져라." 대부분의 경우, 이 말은 진실이다. 몸을 던지지 않으면 항상 무언가에 낚이게 되고 하루하루를 생존 수영하기에 급급해하며 살아가게 된다. 오직 늘어나는 건 급류에 대한 지식과 감각뿐일 것이다. 처칠이 말했듯이, "용기는 미덕 중에서도 가장 백미이다. 용기를 제외한 모든 것이 용기에 달려 있기 때문"이다. 물론 실패의 가능성은 언제 어디에나 있다. 그러나 성격이나 노력에 의한 실패가 아니라면, 실패는 대체로 성공의 서문序文이다.

브랜드를 구축하라

브랜드는 하나의 약속이며 오랜 역사 동안 성실한 대응으로 일관해온 결과의 산물이다. 만약 어떤 압박을 받는 상황에서라면 더욱 그렇다. 압력이 과하면 모든 파이프가 파열된다. 자신의 한계점을 아는 것은 압박감 속에서도 좌절하지 않을 자신만의 브랜드를 소유할 수 있게 해준다. 비즈니스의 맥락에서 브랜드란 고가를 감당할 가치가 있는 고객의 구매 습관, 만든 이들의 헌신, 외부인의 신뢰를 뜻한다. 브랜드를 구축하는 데는 오랜 시간이 걸리지만 파괴되는 데 드는 시간은 한순간이다. 당신이 어떤 사람으로 알려지길 원하는지 결정한 다음, 시간과 돈과 마음가짐을 어디에 쓸 것인지를

현명하게 선택하라. 이것은 당신의 진정한 가치, 즉 당신이 신뢰할
수 있고 예측 가능한 브랜드를 구축할 수 있는 유일한 기반이 되어
줄 것이다. 적당한 압력에서 실패하지 않도록 조심하라. 인생과 이
익은 길게 보아야 한다.

위대한 목표를 세워라

나는 목표 설정에 있어, '기억에 남고Memorable, 실행 가능하며
Actionable, 처음부터 결정된Determined'의 머릿글자만 따서 'MAD' 체계
라고 부르는 목표를 만들라는 내용의 글을 쓴 적이 있다. 나에게는
강력한 목표를 만들기 위한 핵심 원칙을 개발할 능력이나 여지가 없
다. 인생의 목표란 것도 강력한 '희망'이나 '해야 할 일의 목록'이 아
니라 실행 가능한 것, 예산 내에서 가능한 것, 구체적이고 명확한 것
이어야 한다고 생각한다. 가장 좋은 것은 가장 간단한 것임을 기억
하자. 한번은 학생들에게 향후 10년의 목표를 세우고 수업에서 발
표하게 했다. 시간이 반쯤 지났을 때 나는 거창한 목표들로만 무장
한 학생들에게 그들 자신이 무엇을 말하고 있는가에 대해 자각하
라고 환기시켜주었다. 그중에서 가장 인상적이었던 건, 어느 학생
이 자신의 목표가 "마라톤을 뛸 때 25세 때보다 35세 때 더 빨리 더
잘 뛰는 것"이라고 말한 것이었다. 그의 이 한 문장은 강도 높은 훈
련, 영양상태, 휴식과 수면, 그 밖에 육체와 정신 등 여러 면을 잘 유
지해야 한다는 것을 완벽하게 함축적으로 내포하고 있었다. 이것이

목표가 무엇인지를 아는 자의 진정한 목표이며, 삶을 이끄는 진정한 동기가 되어주는 것이다.

목표가 너무 미래지향적이지 않으면서5년에서 10년 정도로 생각, 그렇다고 너무 급하게 생각하지 않는다면, 대체로 우리는 목표를 이룰 수 있다. 상황이라는 변수가 있으니 부담이 되지 않도록 '연필로' 작성하여 잘 볼 수 있는 곳에 붙여둘 것을 권장한다. 나는 나의 10가지 목표목표의 연장선상에 있는 10개의 항목를 매일 볼 수 있게 거울에 붙여두었다. 수년이 흐른 후, 10개 중 9개를 달성했다는 사실에 얼마나 놀랐는지! 그 이후로 'MAD 체계'를 통해 목표를 세우고 승리를 상상하는 것이 얼마나 중요한 것인지를 알게 되었고, 이것이 인생의 과정들을 결정하는 데 얼마나 강력하게 작용하는 핵심 요소인지도 깨닫게 되었다.

회의를 효과적으로 진행하라

경영진의 삶은 전화 통화, 일대일 면담, 이사회 회의, 팀 회의, 공급업체와 대출 기관 및 투자자와의 회의, 고객과의 영업 및 서비스 통화에 대한 회의 등등 그야말로 끝없는 회의의 연속이다. 이를 효과적으로 만들려면, 다음 사항들을 고려하라.

- 회의에 명확한 목표가 있는지 확인한다
- 목표를 달성하는 데 필요한 사람만 초대한다.

- 짧은 회의, 비격식의 신속한 회의, 훌륭한 사전 및 사후 회의^{회의 자체}를 한다.
   만큼이나 중요하다를 한다.
- 후속 업무나 과제를 주고, 현재 회의를 이전 회의와 연관시키고, 어려운 사안에 대해서는 모두가 함께 모이기 전에 공론화한다.

변화를 주도하라

리더십 및 변화 관리 분야의 권위자인 존 코터^{John P. Kotter}는 다음과 같이 말했다. "리더십은 변화에 관한 것이고 관리는 복잡성에 관한 것이다." '리더'는 가치를 만드는 저장고이자 희소한 자원의 할당에 대한 우선순위를 정하는 데 가장 큰 목소리를 내는 사람이며, 모두가 '기억할 수 있는' 전략에 대해 전하는 매개체와 같은 사람이다. '관리자'는 전략을 해당 작업에 핵심적으로 실행하고 연결하며 정보를 수집하여 특정 업무에 적용하고, 할당된 시간까지 과제를 완수하고 후속 조치를 하며, 적시에 그리고 예산 내에 업무를 수행하여 그에 대한 계측까지 가능하도록 만드는 사람이다. 이 두 가지^{변화를 이끌}고 복잡함을 다스리는 일를 다 잘하려면 일에 파묻혀 살게 될 것이다. 당신이 잘하는 것을 선택하여 운영하라.

단어를 신중하게 선택하라

극작가 톰 스토파드^{Tom Stoppard}는 이렇게 말했다. "말은 신성한 것이다. 올바른 말을 선택하고 올바른 순서로 배치하면 세상을 조금 움직일 수 있다." 잘못된 말을 선택하면 모든 것이 고통받는다. 빠른 속도의 단어를 피하라. 헤드라인을 생각하라. 생각을 명확하게 한 장의 메모로 정리하는 습관을 가져라. 말할 때, 논쟁의 여지가 적은 결론을 제시하는 것으로 시작하라. 오직 경청하는 것에 집중하라. 부정적인 내용으로 이메일을 보내선 안 된다. 이는 영원히 남을 것이다.

일치를 추구하라

상당수의 조직은 심각한 불일치를 겪고 있다. 일반적인 불일치의 현상은 다음과 같다.

- 리더의 행동이 그들이 지지하는 가치 또는 명시된 목표와 일치하지 않는다.
- 전술—누가, 무엇을, 어떻게, 언제, 어떤 비용으로, 어떤 예상 결과를 갖고 진행하고 있는지에 대한 기본 사항—이 모든 사람에게 명확하게 알려져 있지 않다.
- 그들의 전략이 더 이상 가장 중요한 결과를 얻기 위한 최단 또는 최선의 방법이 아니라는 생각이 팽배하다.
- 최고의 아이디어가 아니라, 가장 권위 있는 사람들이 승리한다즉, 정치적인 면이 작동한다.

- 파일럿샘플용 프로젝트가 영원히 지속된다.

- 취미가 무시된다.

- 급여 시스템이 목표와 상충한다.

- 승진이 성과가 아니라 근속 기간에 의해 정해진다.

오직 모두의 가치, 목표, 전략, 전술 및 성공을 측정하는 지표가 일치할 때만 지속적인 성공을 보장한다.

모든 비즈니스는 가치와 사명을 가지고 지속적인 이익의 성장이 있어야 한다. 이는 직원, 대출 기관, 투자자, 공급업체, 고객 또는 지역 사회 등 모든 사람과 개체를 존중하는 마음으로 상대하는 것까지 포괄한다. 어떤 기업도 이윤 없이 생존할 수 없으며 어떤 문화도 성장 없이는 최고의 인재와 최상의 상태를 유지할 수 없다. 모든 이해관계자들을 아끼고 존중하지 않으면, 최고의 비즈니스조차 쇠락의 길로 접어들 것이다. 일도 사람이 먼저이다.

35강

공감이 전부다

케빈 켈러_ 경영대학원과 기업에서 '브랜딩의 바이블'로 평가받는
다트머스 대학 비즈니스 스쿨의 마케팅 교수

여러분이 몇 가지를 기억해준다면, 나는 이 마지막 강의를 조금
더 명확하게 시작할 수 있을 것 같다.

첫 번째, 적어도 학문적으로는 대부분의 강의가 모두 마지막 강
의라고 할 수 있다. 대부분의 청중들은 강의를 한 번 듣지, 다시 듣
지는 않기 때문이다. 그래서 대체로 모든 강의는 마지막 강의이다.
그렇기 때문에 청중들의 삶에 제공할 수 있는 어떤 지혜나 영감 또
는 즐거움도 그 자리에서 바로 이루어져야 한다. 학구적인 강의를
준비하고 전달할 때, 그 점을 명심하는 것은 유용한 참고사항이 되
어줄 것이다.

두 번째로 기억해야 할 점은 '마지막' 강의라고 해서, 배경음악이
깔리고 후광이 비추는 등 신비로움을 의미하는 것은 아니라는 점이

다. 우리는 초월적이고 특별한 것을 원하지만 대체로 실제의 현실은 평범하고 일반적이며 우리에게 쉽사리 일어나는 일들이다. 우리가 하는 일들 또한 대체로 평범하고 일상적인 것들이다.

마지막 강의를 과소평가하려는 말은 아니다. 마지막 강의는 우리의 삶이 어떻게 흘러가고 있는지를 우리에게 상기시켜준다. 인생의 교훈에 대해 생각하게 하고 타인과 공유할 수 있는 것이 무엇이며 그것이 얼마나 가치 있는 일인가에 대한 자문자답의 소중한 시간이 될 것이다. 우리에게는 일생 동안 배웠다고 생각할 수 있는 정말 많은 것들이 있지만, 사실은 제대로 배우지 못한 것들도 많다. 우리의 삶 전체를 변화시킬 수 있는 가치 있는 조언과 배움이 많이 있지만, 나는 지금 우리 존재의 가장 중심적인 측면에 초점을 맞춰 이야기해보려 한다.

공감의 중요성. 이것이 내가 전달하고 싶은 정신과 본질을 집약한다고 생각하면 될 것이다. 공감은 여러모로 중요하지만 특히 개인적인 삶과 직업적인 면에서 중요하다. 그것은 우리가 가족, 친구와 상호작용하는 방식에 영향을 미치고, 택시 운전사, 승무원, 의료 관계자, 슈퍼마켓 직원 및 일상생활에서 처음 혹은 자주 만나는 모든 사람들과의 상호작용에도 영향을 미친다. 이것은 우리가 삶을 영위하는 방법 중 가장 중요한 자질 가운데 하나이다.

공감은 우리의 모든 말과 행동이 통과해야 하는 필터이다. 공감에 대하여 사전Merriam-Webster은 다음과 같이 정의한다.

객관적이고 명확하고 완전한 소통의 느낌과 생각과 경험이 아니더라도, 과거 또는 현재의 다른 사람의 느낌과 생각과 경험을 이해하고 자각하고 민감하게 반응하고 대리해 경험하는 행위.

다시 말하면 공감이란, 누군가가 나에게 직접 말하거나 요청하지 않더라도 그 사람이 어떻게 생각하고 느끼는지에 대해 내가 똑같이 생각하고 느끼는 것을 뜻한다. 근본적으로, 상대방이 어떻게 생각하고 보고 느꼈을지를 이해하고 인지하기 위해 그 사람의 입장이 되어보는 능력이다. 공감에 대한 일반적인 관용구와 표현에서도 알 수 있듯이, 공감은 다양한 방식으로 나타날 수 있다.

일상적인 만남

우리는 직업적, 사회적 또는 공식적, 비공식적인 모든 상황에서 만나는 모든 사람들을 사려 깊게 바라보며 항상 공감의 문을 열어놓아야 한다. 우리가 다른 사람들을 대하는 방식은 그들의 하루를 망치거나 기쁘게 만들 수 있다. 친근한 감사의 표시, 동정의 표시, 사려 깊은 질문은 상대방이 인정받고 있다는 느낌을 갖게 해준다. 우리가 타인에게 줄 수 있는 선물이다.

존중

공감이란 우리가 무언가를 취할 때 당연하게 여기지 않고 그들이 누구인지, 그들이 한 일이 무엇인지를 가치 있게 받아들이게 한다. 우리는 바쁜 일상 속에서 상대가 누구이며 무엇을 하는지 이해를 못 하고 넘어가는 경우가 허다하다. "남에게 대접을 받고자 하는 대로 너희도 남을 대접하라"라는 성경 말씀은 삶을 대하는 가장 강력한 지침 중 하나이고, 공감에 대한 확고한 근거이다. 자신이 대우받고 싶은 대로 다른 사람을 대우하는 것은 존경심을 형성하고 신뢰를 구축하며 우정을 발전시키는 데 도움이 된다.

모든 이야기에는 양면이 존재한다

공감은, 모든 이야기에 양면성이 있으니 우리가 듣는 첫 번째 측면이 반드시 옳은 것은 아니라는 점을 알려준다. 사람의 행동에 영향을 미치는 다양한 상황이나 요인이 있을 수 있으니 특정 사건이 발생하게 된 원인을 먼저 이해하고 인식하는 것이 중요하다. 어떤 일이 일어난 것에 대해 '변명의 여지가 없다'고 판단하기 전에, 무슨 일이 일어났는지 정확히 이해하고, 더 중요하게는 왜 그랬는지를 제대로 이해할 필요가 있다. 이야기를 자세히 들여다보면, 표면적으로 보았을 때보다 드러나지 않은 복잡한 경우가 많기 때문이다.

진정한 성공

소신

공감은 우리가 소신을 가지고 도덕적으로 높은 길을 갈 수 있도록 도와주기도 한다. 누군가가 우리에게 불리함을, 더 심하게는 부당한 고난이나 고통을 주거나 부적절하고 잘못된 영향을 끼쳐도 우리는 먼저 그들의 말과 행동 뒤에 어떤 이유가 있는 것인지 생각하려고 노력해야 하며, 그들이 설령 우리를 잘못 인도했더라도 무턱대고 나쁘거나 해로운 쪽으로만 생각하기를 멈춰야 한다. "양쪽 잘못에 한쪽만 옳은 것은 없다"라는 말이 있듯이 양측의 차이를 이해하고, 그에 따라 행동하며 불쾌한 기본 본능에 굴복하지 않는 것이 중요하다.

주는 것

공감은 우리의 재정적, 비재정적 자원을 할당하는 방법을 알려준다. 세상에는 불공평하고 불공정한 환경에 놓인 사람들이 많이 있다. 공감은 우리가 보다 친절하고 관대하게 도움을 주고자 애쓰게 하며 불우한 이웃에게 도움의 손길을 펼치는 일에 적극적으로 나설 수 있도록 한다.

전문성을 위하여

공감은 전문적인 측면에서 매우 중요하다. 지금까지의 모든 내용은 동료와의 일상적인 상호작용에 크게 적용될 수 있다. 많은 조직에 존재하는 경력에 대한 압력, 모호한 불확실성과 투명성 부족은 직장에서의 상호작용을 왜곡되게 만들 수 있다. 주변 사람들에게 공감을 유지하는 것은 생산적이고 장기적인 업무 관계를 구축하는 데 큰 도움이 된다.

마케팅 담당자로서

전문 마케팅 담당자라면 특히 공감의 능력이 중요하다. 소비자의 눈으로 사물을 명확하게 볼 수 있는 능력은 많은 기업이 간절히 바라는 '고객 중심'의 핵심이기 때문이다. 소비자의 입장이 되어 과거의 말과 행동을 해석하고 미래의 행동을 예측하는 것은 마케팅을 성공시키는 중요한 요소이다. 때로는 자신과 전면적으로 다른 생각을 가진 사람에게 제품이나 서비스를 판매해야 할 때도 있다. 그들의 머리와 마음에 들어가 그들에게 무엇이 중요하고 무엇에 관심이 있는지, 그리고 결과적으로 그들이 어떻게 생각하고 행동할지를 진정으로 이해하는 능력이 마케팅의 전제조건이라고 할 수 있다.

한마디로, 공감한다는 것은 우리가 생각하고 말하고 행동하는 모

진정한 성공

든 것에 관심을 갖고 조심스러운 태도를 취하는 것을 말한다. 존 레논과 폴 매카트니가 말했듯이, "당신이 받는 사랑의 총합은 당신이 만드는 사랑의 총합과 같다." '공감'이 사랑을 창조하는 길잡이이자 나침반이 되도록, 당신 인생의 중요한 자리를 내어주길 바란다.

36강

인생은 명사가 아니라
동사이다

마이클 포셀_ 前 미시간주립대의 임상의학 교수이자 Telocyte 창업자 겸 회장,
노화방지 분야의 세계적 권위자, '텔로미어'의 저자

일반적으로 지혜는 지식에서 나온다고 하지만, 인생에서 가장 중요한 문제는 어떠한 현상이나 교육 자체가 아니라 그 현상들을 조합하여 교육과 어떻게 연결 짓는가에서 나오는 것이다. 아날로그 방식으로 설명하자면, 중요한 것은 '명사'가 아니라 '동사'이다. 명사인 '지식'이 핵심이 아니라 '지식이 당신에게 어떤 영향을 미치는가', 즉 '당신이 어떻게 생각하고, 어떻게 움직이고, 어떻게 행동하고 반응하는가' 하는 동사가 핵심이다. 지혜를 구성하는 대부분은 가르치는 것이 거의 불가능하고 배우기가 매우 어려운 것이지만, 바로 이런 어려움이 우리를 인간적이고 성공적이고 지혜롭게 만든다. 다소 자의적이지만, 진실로 당신의 영혼을 위한 지혜를 아래와 같이 7가지 관점으로 정리해봤다.

첫 번째는 주의력attention이다. 일부 몇몇의 사람들은 '전혀' 하지 않고, 대부분의 사람들도 '거의' 하지 않는 것이 바로 주의를 기울이는 행위이다. 대신에 그들은 자신만의 생각이나 선입견, 자신이 만들어낸 현실 속에 살고 있다. 나는 여러분이 주변에 있는 것에 대해 '생각하기'보다는 주변에 있는 것에 '직관적으로 주의를 기울이기'를 바란다. 진달래가 만발한 산비탈을 만났다고 가정해보자. 대부분의 사람들은 진달래를 보면서도, 차를 타고 가는 시간이 얼마나 걸릴지, 저녁에 무엇을 먹을지를 고민한다. 그보다 조금 더 주의를 기울이는 사람들은 진달래를 생각하며 꽃이 얼마나 아름다운지 스스로에게 말한다. 완전히 주의를 기울이는 소수의 사람들은 진달래를 보자마자 단순하고도 즉각적인 반응을 보이며 온전히 그 존재를 느낀다. '아름다움'이라는 단어를 생각하기에 앞서 실제로 그것에 관심을 기울인다. 그렇게 그 장소에 당신의 생각만 보내지 말고, 당신 그 자체가 진달래를 보고 느껴라. 생각 안에서만 살지 않길 바란다. 현실에 살고, 감사하고, 인지하고, 모든 순간과 뉘앙스에 주의를 기울여 집중하라.

두 번째는 수용acceptance이다. 세상을 받아들이고 자신을 받아들이는 것이다. 세상은 늘 그대로인데 종종 바꾸려는 시도로 인해 예상치 못한 결과가 나오기도 하고, 자기가 무엇을 변화시키고자 한 건지 스스로도 이해를 못 하게 될 때도 있다. 그러나 우리는 인간이기에 고통을 피하고 자신을 개선하며 다른 사람을 도우려고 끊임없이 노력한다. 목표를 달성할 가능성이 낮다고 해도 우리는 그러한 인간다움을 유지할 것이라는 사실을 받아들여야 한다. 세상은 변하고 당신도 변하고 있다. 세상과 자신 모두를 개선하려는 시도를 하되, 상호 불완전성 또한 받아들여야 한다. 세상을 있는 그대로 받아들일 수 없는 자신의 무능력을 인정하듯 인생의 무상함, 불완전함, 인간의 결점, 그리고 나 자신의 결점까지 받아들여야 한다. 모든 것을 수용하고, 웃고, 긍정적으로 받아들이기를 바란다. 하루가 끝나면, 살아 있다는 것만으로 기뻐할 수 있어야 한다.

세 번째는 다양성diversity이다. 세상은 무수한 '다름'으로 가득 차 있고, 그 다름이 잘못된 경우는 거의 없다. 자신의 다양성에 대해서도 수용해야 한다. 당신의 발음이 옳지만 다르게 발음하는 사람들도 역시 옳다. 당신이 말할 때 결코 사투리를 쓰지 않는다고 자신하는 것처럼, 그 사람들도 스스로의 사투리를 전혀 느끼지 못한다는 것을 기억하라. 당신이 걸치는 모든 것이 패션이 되듯, 다른 사람들도 자신들의 옷차림을 패션이라고 생각한다. 그들에게 그렇게 생각할 수 있는 권리를 부여하라. 정치와 철학에서 당신의 의견이 합리적이고 정당한 것이라면 다른 사람의 의견 또한 합리적이고 정당한 것이니 받아들이고 귀를 기울여라. 다양성을 존중하고, 상충되는 견해를 자랑스럽게 생각하며, 대안을 찾고, 특이하고 예상치 못한 것을 소중히 여겨야 한다. 다양성에 대한 존중은 시민의식이 문명화되었다는 확실한 상징이자 대자연의 실험적인 존재 방식이다. '다

진정한 성공

름'을 포용하라.

네 번째는 혁신innovation이다. 당신이 예측하는 바를 들여다보되 먼저 획기적인 것을 찾아야 한다. 마음을 탐구하고 미개척지를 개척하라. 자신의 편견과 검토되지 않은 가정假定을 아는 것은 거울 없이 자신의 얼굴을 보려고 하는 것처럼 세상에서 가장 어려운 일이다. 인간의 진보와 혁신은 사람들이 모르고 있던 무언가를 새롭게 알게 되어서 발생하는 것이 아니라, 이전에 확신했던 것 중에서 의외로 몰랐던 것을 깨닫는 과정에서 발생한다. 확신이 많아질수록 가정은 더 많은 검토의 과정을 거쳐야 한다. 특정 지식에 기초하여 작은 지적인 단계들을 무시해서는 안 된다. 대신 불확실성을 활용하여 미지의 세계로 더 큰 발전을 이루는 데 써야 한다. 혁신은 세상을 다르게 보는 눈에 달려 있다. 당신이 확신하는 경우일지라도, 당신이 알고 있는 모든 것이 틀렸다고 가정하고 질문하고 탐구하라. 내가 진정으로 알고 있는가, 내가 제대로 이해하고 있는가에 대해서도 끊임없이 질문하라. 그것에 대해 유일하게 알고 있는 사람이 바로 당신이니까. 혁신은 당신이 알고 있는 것에 대한 깊은 겸손에서 오는 것이지, 결코 높은 확신에서 오는 것이 아니다.

다섯 번째는 행복happiness이다. 행복은 당신을 행복하게 만드는 무언가를 발견할 수 있을 때만 느낄 수 있다. 우리는 너무 자주 가족, 친구, 우리 사회와 같은 주변 사람들의 뜻을 그대로 받아들인다.

이러한 '다른 사람들' 중의 일부는 우리에게 우리 자신의 것이 아닌 그들 자신의 목표를 추구하도록 가르친다. 당신의 부모님은 당신이 전문적인 직업을 가져야 행복해진다고 하지 않는가? 당신의 친구는 행복을 돈이라고 하지 않는가? 사회와 언론은 행복이 명성에서 나온다고 생각하게 만들고 있지는 않은가? 우리 중 일부의 행복은 이런 식의 목표에서 비롯되기도 하지만 그것은 어디까지나 다른 사람의 목표이지, 나를 행복하게 만드는 나를 위한, 나만의 목표가 아니다. 남의 목표를 이루는 데 내가 행복해야 할 이유가 있을까. 우리 중 많은 사람들이 자신이 진정으로 원하는 것이 무엇인지도 모르고 주변 사람들에 의해 잘못된 길을 택하는 것을 볼 때가 종종 있다. 번창한 기업의 대표가 되었지만 행복은 그를 벗어나 있고, 수억 명의 팬을 가지고 소셜미디어에서 유명세를 떨치는 세계적인 영화배우가 되었지만 여전히 불행하고 결핍을 느끼는 경우가 있는데, 이는 그 목표가 자신의 영혼에서 나온 것이 아니라 외부에서 왔기 때문이다. 행복이란 어떤 이에게는 부나 명성 또는 단순히 가족을 이루는 것일 수 있고, 어떤 이에게는 꽃집이나 정원일 수 있으며, 어떤 이에게는 자선 활동이나 다른 사람을 돌보는 일, 어떤 이에게는 건강한 아이를 낳는 일일 수 있다. 행복은 공유된 똑같은 조리법이 아니며 각인각색의 입맛에 따라 다 다르다. 행복은 자신의 영혼을 주의 깊게 들여다보고 주변 사람들의 고속도로나 제트기류가 아닌 자신만의 오솔길을 찾아가는 것에 있다. 다른 사람들의 목표는 무시하라. 참 행복을 찾는 방법을 아는 사람은 오직 나 자신뿐이다. 자신만의 길을 찾아 기쁨과 호기심을 가지고 그 길을 힘차게 걸어가라.

여섯 번째는 성품character이다. 본질적이고 필수적인 것이지만 아주 어린 나이가 아니라면 결코 배울 수 없는 것이다. 의사, 과학자, 작가, 배관공 등등 상상할 수 있는 대부분의 기술들은 배워서 할 수 있지만, 정직성, 동정심, 신뢰, 인간성 등은 가르치고 배워서 습득할 수 있는 성질의 것이 아니다. 성실성이나 상식 같은 것들은 자신이 스스로에게 가르칠 수도 있고 어린 시절에 물려받을 수도 있지만, 사람의 성품을 이루는 요소들에 대해 습득하기란 사람의 능력 밖에 있는 일이다. 그렇게 '성품'이란 어느 수업에서 어느 누구도 결코 가르쳐주지 않는 것이지만, 누가 어떤 사람인지를 알려고 할 때 가장 중요한 핵심이다. 자신에 대해 발견하기를 멈추지 않길 바란다. 자신의 성품을 보호하고, 돌보고, 소중히 여기고, 조심스럽게 만들어 나가라. 성품은 나에 대해 내가 생각하는 것이고, 평판은 다른 사람들이 나에 대해 생각하는 것이다. 성품에 주의를 기울이면, 평판은 저절로 좋아질 것이다.

마지막 일곱 번째는 예의공손함과 정중함, courtesy이다. 예의는 나의 삶과 행복과 인격을 향상시키며 앞에서 말한 주의력, 수용, 다양성에 대한 관용 등 모든 것을 아우르는 능력에 더해지는 추가사항이다. 무례함의 시대에 예의는 인류에 대한 혁신적인 접근 방식이다. 그리고 그것을 함께 지켜나갈 때, 그것을 수호하는 모든 이들에게 상호 보상이 생긴다는 놀라운 비밀이 숨겨져 있다. 예의는 무료이지만 무한하게 보람이 생성되는 투자이다. 모든 덕목 중의 화룡점정이라 할 수 있다.

거울 앞에 선 나,
뭐가 보이는가

마셜 골드스미스_ '트리거'의 저자이자 세계 최고의 리더십 사상가로
칭송받는 세계에서 가장 비싼 경영 컨설턴트

나의 인생을 돌아보면서 가장 위대한 배움의 순간 중 하나를 여러분과 나누고 싶다. 이 사건이 나에게 도움이 되었던 것처럼 여러분에게도 도움이 되기를 바란다.

1970년대 초 UCLA 박사 과정에 있던 나는 스스로에 대해 '힙하다', '쿨하다'와 같은 멋진 이미지를 갖고 있었다. 나는 나 자신이 삶에 대한 깊은 이해, 자아실현, 심오한 지혜의 발견마저 갖춘 사람이라고 생각했다. 박사 과정 초기에, 나는 현명한 밥 타넨바움 교수가 이끄는, 13명으로 꾸려진 팀에 들어가게 되었다. 밥 교수는 《하버드 비즈니스 리뷰》에 많은 논문을 기고하는 내로라하는 명교수였으며 '감수성 훈련'이라는 용어를 학계의 수면 위로 올려놓은 사람이었다. 그는 UCLA의 우리 학과에서도 매우 핵심적이고 뛰어난 사람으

로 인정받고 있었다. 어느 날, 밥 교수는 우리에게 토론하고 싶은 것에 대해 마음껏 토론하라며 수업시간을 내주었고, 나는 로스앤젤레스 사람들에 대해 이야기하면서 토론을 시작했다. 최근 3주 동안 지켜본 로스앤젤레스 사람들이 얼마나 '엉망인 사람들'인지에 대한 내용으로 말문을 열었다. "그들은 78달러짜리 스팽글 청바지를 입고 골드 롤스로이스 차를 운전합니다. 말하자면 그들은 싸구려 플라스틱같이 저급한, 매우 물질 만능주의적인 인간들이에요. 그들은 다른 사람에게 깊은 인상을 주는 것에만 신경쓰고 인생의 깊은 의미나 중요한 것에 대해서는 관심이나 이해력이 하나도 없습니다." 그때의 나는 켄터키의 작은 마을에서 자라 대도시 로스앤젤레스로 이사온 시골 소년이었으므로 로스앤젤레스 사람들에 대해서 극도로 아는 척을 할 때였다.

3주 동안 내가 떠드는 말을 듣고만 있던 밥 교수는 어느 날, 나를 의아하게 쳐다보며 말했다. "마셜, 누구와 이야기하고 있는 겁니까?" "저는 우리 팀원들에게 말하고 있습니다." "팀원 중에서 누구와 이야기하고 있습니까?" "글쎄요, 저는 모두에게 이야기하고 있는 것 같은데요." 나는 이 대화가 어디로 흘러가고 있는지 잘 알지 못하면서 대답했다. 그러자 밥 교수가 말했다. "당신이 이걸 의식하고 있는지 아닌지 잘 모르겠지만…… 당신은 한 사람만 주목하면서 그 사람에게만 당신의 의견을 전달하더군요. 그리고 그 사람의 의견에만 관심이 있는 것 같습니다. 그 사람은 누구입니까?"

"그런가요? 그것 참 흥미롭네요. 누군지 생각해보겠습니다"라고 나는 대답했고, 한참을 고심한 끝에 "그 한 사람이 혹시 밥 교수님 당신인가요?"라고 되물었다. 그러자 그는 "맞아요. 이 방에는 12명의 다른 사람들이 있는데 왜 당신은 그들 중 누구에게도 관심이 없는 것처럼 보이죠?"라고 대답했다. 자, 이제부터가 그와 나의 본격적인 시작이었다. 나는 "교수님, 저는 당신만큼은 제가 말하고자 하는 핵심이 무엇인지 잘 아시리라 생각했습니다. 다른 사람들에게 인상적으로 기억되기 위해서 필사적으로 노력하는 것이 얼마나 '엉망인 사람들'인지 교수님은 진정으로 이해하실 줄 알았어요. 당신은 인생에서 정말로 중요한 것이 무엇인지를 아시는 분이니까요"라고 격앙되어 말했다. 밥 교수는 지그시 나를 쳐다보며 대답했다. "마셜, 지난 3주 동안 당신이 하려고 했던 건 나에게 깊은 인상을 주려는 시도가 아니었을까요?"

나는 밥 교수의 명백한 통찰력 부족에 심히 놀랐다! "전혀요! 교수님은 제가 한 말을 하나도 이해하지 못하신 것 같아요! 저는 다른 사람들에게 감동을 주려고 노력하는 일이 얼마나 형편없는 것인가를 설명했습니다. 제 요점을 완전히 놓치신 것 같은데, 솔직히 교수님의 이해력이 부족해서 조금 실망스럽네요!" 그는 나를 보더니 수염을 긁적이며 "아닙니다. 이해하고 있는 겁니다"라고 말했고, 내 주위에 있던 12명의 동료들도 뭔가 생각하는 얼굴로 긁적이며 말했다. "네, 우리는 이해하고 있습니다."

그 사건으로 인해 나는 밥 교수에 대해 깊은 반감을 갖게 되었고, 그의 심리적인 문제를 파악하고 그가 혼란스러워하는 이유를 알아내려고 많은 에너지를 할애했다. 그렇게 6개월을 보낸 후, 나에게 놀라운 깨달음의 순간이 찾아왔다. 문제는 밥 교수가 아니었다! 로스앤젤레스 사람들은 더더욱 아니었다! 진짜 문제를 가진 사람은 다름 아닌 나였던 것이다! 나는 마침내 거울 속의 나를 들여다볼 수 있었다. 이 경험에서 내가 이해하기 시작한 두 가지 큰 교훈 중 첫 번째는 우리 자신의 문제를 우리 안에서 보는 것보다 다른 사람에게서 보는 것이 훨씬 쉽다는 것이었고, 두 번째는 우리가 우리의 문제를 우리 자신에게 부정할 수 있을지라도 우리를 지켜보는 사람들에게는 매우 명백하게 보일 수 있다는 점이었다. 내가 생각하는 자아와 남들이 보는 나 사이에는 거의 항상 불일치가 있었다. 내가 배운 교훈이후 나의 직업 때문에 전문적인 시각으로 더 연구하고 노력하게 되었다은 종종 나에 대하여 나를 제외한 세계가 나 자신보다 더 정확한 관점을 가지고 있다는 것이었다.

자기 자신을 잠시 멈춰 세우고, 다른 사람들이 나를 보고, 듣고, 생각할 수 있게 한다면 그것은 좋은 기회이다. 우리는 우리가 원하는 자아와 우리가 세상에 내놓고 있는 자아를 비교할 수 있다. 그런 다음 드러나 있는 액면 가치와 실제의 행동을 일치시키는 변경 작업을 할 수 있다. 나는 이 이야기를 적어도 300번은 더 했고, 내가 말한 것 이상으로 더 자주 생각한다. 종종 내가 독선적이거나, 설교적이거나, 다른 사람들보다 더 거룩한 척을 하거나, 불의에 대해 화를 낼 때, 그 문제는 결국 다른 사람들에게 있는 것이 아니라 바로 내게 있음을 깨닫게 되었다. 그렇다, 대체로 문제는 내 안에 있다.

나는 주로 대기업 임원들과 함께 일하는 것으로 인생의 대부분을 보냈다. 나는 그들이 원하는 리더십 행동의 프로파일을 개발하도록 돕고, 그런 다음 그들에게 은밀한 피드백을 제공하여 그들이 자신의 행동_{다른 사람들이 보는}을 원하는 행동의 프로파일과 비교할 수 있도록 한다. 나는 그들이 이 피드백을 긍정적인 방식으로 처리하고, 그로부터 배우고, 조직에서 바람직한 리더십을 갖춘 좋은 롤모델이 되도록 돕는다. 비록 내가 '코치'의 역할이지만, '나의' 지혜를 나누는 것과 관련된 코칭은 거의 없다. 대부분은 그들이 '주변 사람들로부터' 배우도록 돕는 것이 프로그램의 목표이다. 이런 식으로 내가 밥 교수에게서 배운 교훈은 나의 개인 생활에 도움이 되었을 뿐만 아니라, 내 전문 분야의 과정을 개발하는 데도 큰 도움이 되었다.

곰곰이 나의 인생을 되돌아보면서 여러분에게 드리고 싶은 마지막 조언이 있다면, 그것은 주변 사람들의 말에 귀를 기울이라는 것이다. '그들이 보는 당신'은 '당신이 보는 당신'과 다른 사람일 수도 있음을 받아들여라. 인생의 거의 모든 문제를 분석해본 경험으로 볼 때, 문제의 근원을 찾기 위해서 멀리까지 갈 필요가 없다. 그저 가까이에 있는 거울을 들고 자신의 모습을 들여다보기만 하면 된다.

89세에 돌아보는 삶

필립 코틀러_ '마케팅의 아버지'로 불리는 마케팅의 대가

나는 너무 바쁘게 살아와서 인생을 한 번도 제대로 돌아볼 수 없었다. 인생은 너무나 짧고 하고 싶은 것은 너무나 많다. 나는 《죽기 전에 꼭 봐야 할 100가지 세계 유산》이라는 책을 읽었던 기억이 난다. 이집트의 피라미드와 스핑크스, 페루의 마추픽추, 에콰도르의 갈라파고스 제도, 인도의 타지마할, 바티칸과 미켈란젤로의 작품 등등. 아직 다 가보지는 못했지만, 나는 나에게 영감을 주는 장소를 하나씩 찾아가서 대면하는 즐거움을 찾기 시작했다.

인생은 선택의 연속이다. 어떤 활동을 추구하고 어떤 활동을 전문적으로 해야 할지도 결정해야 한다. 그런 면에서 나는 두 가지 중요한 활동을 하지 않았던 것을 후회한다. 첫째, 악기를 배우고 충분히 익혔으면 좋았을 것이다. 많은 젊은이들이 그러듯이 나도 1년 동

안 피아노 레슨을 받은 적이 있었는데, 진도가 잘 나가지 않아 흥미를 잃고 더 재미있는 일을 찾다가 자연스레 포기하게 되었다. 반면, 내 동생 밀튼은 바이올린 연주를 진심으로 즐겼고 그 결과 음악에 대한 자신만의 세계가 생긴 것 같다. 나는 그가 부러웠다. 그 이후에 나는 왜 다른 악기, 가령 클라리넷이나 색소폰 연주 같은 걸 시도해 보지 않았을까, 왜 음악 밴드나 클럽에 들지 않았을까 하고 후회한다. 실내악을 연주하는 사람들이나 음악 동아리에서 활동하는 사람들을 볼 때마다 부러움의 시선을 거둘 수가 없다.

두 번째 후회는 운동에 관한 것이다. 내 아버지는 축구 선수였으므로 자신의 세 아들도 축구를 잘하기를 바랐다. 우리들은 아버지의 축구 경기를 보는 것은 즐겼지만 축구에 그다지 큰 흥미를 느끼진 못했다. 대신 테니스를 좋아했지만, 그것도 충분히 잘한다는 생각은 들지 않아 정식으로 배우지는 않았다. 돌이켜보면 테니스를 조금 더 전문적으로 배워볼걸 하는 아쉬움이 남는다. 지금 내 나이 때 대부분의 친구들은 골프를 친다. 하지만 다른 사람들과 팀워크를 이뤄 한 경기를 공유하는 동료애가 그립다. 나는 어릴 적, 솔직히 몸보다 정신을 키우는 것이 더 중요하다고 생각했던 것 같다. 몸과 정신 둘 다 키울 생각을 왜 하지 못했던 걸까.

나처럼 후회하지 않도록, 이제 나이가 들어 젊은이들에게 해줄 수 있는 삶의 교훈을 몇 자 적어본다.

주어라, 그러면 받을 것이다

사람은 주는 사람 또는 받는 사람, 두 부류로 나눌 수 있는 것 같다. 주기를 좋아하는 사람은 다른 사람들과 시간을 보내고 그들에게 시간을 투자하며 멘토링을 하는 데서 즐거움을 얻는다. 받기를 좋아하는 사람은 상대방의 평판과 인맥을 고려하여 자기에게 유익함이 있을 때만 시간을 함께 보낸다. 나는 내가 주로 주는 사람이라는 것을 깨닫고 학생이나 친구를 돕기 위해 최선을 다해왔다. 물론 주기만 한 것은 아니고, 받는 사람이 될 때도 많았다. 결국 주는 사람이 받는 사람보다 더 많이 받게 된다는 교훈을 얻었다.

모두의 선을 위하여

'모두를 위한 의료Medicare for All' 정책이나 부자에 대한 세금 인상과 같은 사회적인 이슈를 대할 때, 나는 물론 '최대 다수를 위한 최대 이익의 창출'을 찬성하는 편이다. 더 많은 미국 시민이 더 나은 의료 서비스를 받을 수 있다면 당연히 '모두를 위한 의료' 정책을 선호한다. 정부가 가난한 사람들을 돕는 데 돈을 사용해야 한다고 생각하며, 이것이 부자들의 생활 방식에 큰 영향을 미치지 않을 것이라 생각하기 때문에 부자들에게 세금을 인상하여 부과하는 것도 선호한다.

종교적이지는 않더라도 도덕적이어야 한다

나는 어렸을 때 이미 모든 종교가 인간이 만든 것이며, 사람들을 위로하기 위한 목적이라는 것을 깨달았다. 많은 사람들이 자신과 자신의 삶에 대해 모든 것을 알고, 좋은 행동에 대해서는 보상하고 나쁜 행동에 대해서는 처벌하는 초월적인 존재가 있다고 믿으며, 신의 손에 인생을 맡기고 싶어 한다. 나는 종교를 믿으려면 영적인 이야기보다도 과학적인 증거가 필요한 부류의 사람이다. 종교재판으로 수많은 유대인을 살해한 가톨릭에서부터 사소한 잘못으로도 사람을 돌로 치고 손을 자르는 무슬림에 이르기까지 너무나 많은 종교가 인류에게 필요했던 것만큼이나 많은 폐해를 주기도 했다. 대부분의 사람들은 강한 윤리의식 때문이라기보다는 종교 커뮤니티와 지속적인 관계를 맺으며 신뢰할 만한 구성원이 되기 위해 윤리적인 삶을 택하는 것 같다.

평생의 공부와 취미생활

저명한 미래학자 앨빈 토플러는 "미래의 문맹자는 글을 읽지 못하는 사람이 아니라 배울 줄 모르는 사람이 될 것이다"라고 말했다. 세상은 급속하게 변하고 있고, 현재의 직업이나 회사 또는 산업이 미래에도 존재할 것이라고 아무도 확신할 수 없다. 앞으로 젊은 세대들은 아마도 하나의 직업이 아닌 서너 개의 직업을 갖게 될 것이다. 이제는 새롭게 배우고 다시 배우려는 의지가 현재의 지식을 고수하려는 의지보다 훨씬 더 중요한 시대가 되었다. 은퇴 후에도 자신이 완전히 몰입할 수 있는 취미를 가져야 한다. 100세 시대가 되었으니 보통 20세에서 60세까지, 즉 40년 동안 일하고 나머지 40년은 일하지 않게 될 것이다. 그러므로 그 시간을 잘 보낼 수 있는 독서와 학습, 취미생활 등 여가를 즐길 준비를 해야 한다.

마음을 여는 것, 여행

내가 아는 편협한 생각을 가진 사람들은 대체로 여행을 가본 적이 없다. 그들은 같은 커뮤니티에서 같은 친구들과 같은 이야기를 하며 심심하게 살아간다. 나는 여러분에게 특히 인도, 중국, 아프리카를 여행하길 추천한다. 그 땅들을 밟아보면, 여러분이 무척이나 다양하고 흥미롭게 변할 것이다. 마찬가지로, 완전히 관심이 없었던 새로운 학습 과정에 등록해 공부해보길 바란다. 그 또한 마음을 열 수 있는 좋은 기회가 된다. 나는 인간 잠재력의 영역을 알게 해준 EST Erhard Seminar Training 과정을 수년 동안 공부한 뒤로 완전히 새로운 세계를 만나게 되었다.

더 높고 고귀한 목적

다른 사람의 행복을 위해 인생의 일부를 바쳤다면, 은퇴할 때 자신에 대해 훨씬 더 만족하고 행복해할 수 있다. 은퇴할 때, 당신이 한 모든 선행을 나열할 수 있겠는가. 그 목록이 길어질수록 당신의 인생은 더욱 값지고 빛이 난다.

인생의 반려자 또는 절친한 친구

나는 24살 때 18살의 아내와 결혼했다. 그 당시 낸시는 하버드 래드클리프 연구소에 있었고 나는 MIT에 재학 중이었다. 그랬던 우리가 지금은 3명의 아리따운 딸과 9명의 사랑스러운 손주를 갖게 되었다. 나는 내 인생에 사랑하는 내 아내와 가족이 없다는 것을 상상할 수 없다. 결혼하지 않으면 노년이 되었을 때 아무도 남지 않지만, 결혼하면 서로를 돌보고 행복하게 해줄 최고의 친구이자 배우자 그리고 사랑으로 하나가 되는 대가족이 생긴다. 이것이 인생이 나에게 준 전부이다.

후회 없는 삶을 영위하기 위한
10가지 방법

스테판 부커_ 작가 겸 디자이너, 웹사이트 344lovesyou.com과
dailymonster.com의 운영자이자 '나를 찾아가는 344가지 질문들'의 저자

이 글을 쓰고 있는 나는 43세의 비교적 젊은 사람이다. 나는 내 마지막 강의가 솔직히 먼 훗날의 일이기를 바란다. 하지만 아무도 모르지 않는가. 죽음을 원하여 기다리는 사람은 없겠지만, 세상에는 많은 위험 요소가 있다. 차들도 많고, 나는 하필이면 지진 지대에 살고 있다. 나는 조금의 망설임도 없이 말할 수 있다. 사실 나는 죽는 것이 두려운 게 아니라 고통스럽게 죽을까 봐 두렵고 의심할 여지 없이 우리 모두가 그러하듯, 어처구니없이 죽게 될까 봐 걱정된다고. 만약 내가 자연재해에 휘말리거나 내가 타고 있는 비행기가 추락한다면? 글쎄, 그건 완전히 나의 통제 범위 밖의 일이니 그저 죽을 때가 되어 죽는 거라고 체념하겠다. 내가 걱정하는 것은 환절기 알레르기 시즌에 거대한 책 더미 앞의 삐걱거리는 높은 사다리 위에서 재채기를

심하게 하는 바람에 균형을 잃고 떨어져 죽는 것이다. 재채기 한 번에, 넘어짐 한 번에, 머리에 치명적인 부상 한 번으로 죽음의 문턱으로 직행한다면 아마 그 찰나에 나는 생각할 것이다. "이런 바보! 내 이런 날이 올 줄 알았다니까." 혹은 대지진이 로스앤젤레스를 강타하는 비극이 일어났는데, 모두가 극적으로 생존한 상황에서 오직 비상 식량을 비축하지 않은 나만 죽는 경우를 상상해본다. 나는 천천히 굶어 죽어가면서, 평소에 비상 대비 키트를 보관하라고 경고했던 무수한 안내장들을 떠올리며 후회로 땅을 칠 것이다. 구조대원들은 말할 것이다. "이 사람이 이번 사태로 죽은 유일한 사람이라면서? 요즘 집에 비상식량 몇 개쯤 두지 않고 사는 사람도 있나? 멍청한 양반이로군."

하지만 희망을 잃지 말자. 나는 식량이 있고 중력을 존중하니까 어리석은 죽음을 피하고 더 큰 후회로부터 나를 보호할 수 있을 것이다. 내가 우스꽝스러운 죽음 이야기를 길게 늘어놓은 이유는 내 인생에 너무 늦을 때까지 인식하지 못하는 큰 후회가 생길까 봐서이다. 혹시 여러분에게도 그런 후회가 있지는 않은가? 나 자신에 대해 말할 것 같으면, 나는 우울증에 걸리기 쉬운 소외된 가정에서 태어나 자랐고, 성격적으로도 우울감과 외톨이 성향이 강한 편이다. 나는 이것에 대해 오랜 시간 혼자서도 생각을 많이 해왔고 지난 10년 동안 치료사의 도움을 받기도 했다.

더 나은 삶을 살고 큰 후회를 피하기 위한 나의 10가지 방법을 소개하고자 한다.

치료사나 심리상담사를 찾아라

이것은 중요한 일이다. 하지만 여러분은 "나는 상담사나 치료사가 필요하지 않고 친구나 가족에게 이야기하는 걸로 충분하다"라고 말할 수도 있을 것이다. 하지만 그건 좋은 생각이 아니다. 당신이 친구나 가족에게 이야기한다면, 그들은 당신의 모습에서 자신의 모습을 찾으려 할 것이고, 그들의 통찰력과 조언은 점점 객관성을 잃고 본인들의 결정으로 당신을 판단하려 들기 십상이다. 당신의 문제가 자신들의 것과 비슷할 거란 생각 때문에 더 이상 타당한 질문과 조언을 할 수 없게 된다.

이럴 때, 경험이 많은 치료사심리상담사는 우리를 갇힌 틀에서 벗어나게 해준다. 그들은 당신을 판단하거나 확신을 주기 위해 존재하는 것이 아니라, 당신이 말하는 내용과 말하는 방식에 주의를 기울이고, 당신이 미처 깨닫지 못한 것들을 환기시키기 위해 존재한다. 당신의 인생을 묘사할 때, 당신에게 떠오르는 정신적 이미지는 무엇인가? 그것이 당신의 중요한 결정에 어떤 영향을 미치는가? 당신은 어떤 문제에 대하여 무의식적으로 똑같은 방식으로 접근하고 있지는 않은가? 본질은 명백히 하나인데 100가지 방식으로 표현만 달리하고 있지는 않은가? 당신이라는 사람의 패턴을 파악하고 이해하는 데 도움을 줄 전문가가 생기면 삶과 행복을 더 잘 통제할 수 있으며 엄청난 자유를 얻게 된다.

내가 아버지에게 치료사와의 상담을 제안했을 때, 아버지는 "뻔하지. 결국, 치료사는 단 몇 시간 동안 만난 나에 대해서 아는 척을 좀 하겠지. 하지만 나의 평생을, 내 마음속을 그가 어떻게 알 수 있겠어?"라고 말했다. 나는 아버지에게 자동차 정비사가 단 몇 시간만 차를 점검해보면 그 차를 어떻게 고칠 수 있을지 아는 것을 생각해 보라는 비유로 설명했다. 만약에 자동차 엔진이 멈췄다고 치자. 정확히 어떤 문제 때문에 멈췄는지는 모르지만 정비사는 수년에 걸쳐 수백, 수천 대의 자동차를 고쳐온 경험으로 유사점을 알기 때문에 소리만 들어도 그것이 엔진의 문제인지, 카뷰레터의 문제인지 유추해 알아낼 수 있다. 정비사는 "소리를 들어보니 카뷰레터 문제 같은데 한번 점검해봅시다"라고 말할 수 있는 것이다. 나의 권유에도 불구하고, 아버지는 여전히 치료사를 만나지 않고 있다. 옛날 아버지의 고향 독일에서는 치료사의 도움을 받는 것이 나약한 이미지로 여겨졌다고 하니, 아무래도 선뜻 용기 내기가 쉽지 않은 모양이었다. 나는 치료가 나약함과는 무관하며, 오히려 보다 강한 마인드로 만드는 것이 핵심이라고 주장했지만 소용없었다. 훌륭한 자동차를 유지하려면 훌륭한 정비사가 필요하다. 당신의 강인한 마인드를 위해 훌륭한 정비사를 고용하는 사치를 누리길 바란다. 나의 경우, 그것은 내 삶을 훨씬 더 좋게 만들었다.

개념에 대한 자신만의 정의를 만들어라

자라면서 나는 누군가가 내 자존심을 상하게 할까 봐, 내 약점이

드러날까 봐 두려워하며 형편없는 결정을 내릴 때가 많았다아직도 내 주변에 그런 사람이 많이 있다. 내가 말해야 할 때도 침묵했고, 내가 더 알고 싶은 사람들에게 가까이 다가서지 못했으며, 여러 해 동안 춤을 추지 못했다. 여러분은 그 무엇에도 방해받지 않고 춤을 추길 바란다.

나는 '정상적인' 사람들과 어울리고자 했던 노력들 대부분에서 빠르고 강력하게 실패했다. 나는 운동을 잘하지 못했고, 술도 잘 마시지 못했고독일에서도, 미국에서도, 다른 친구들이 좋아하는 책이나 쇼, 음악을 좋아하지도 않았다. 대신에 나는 유머 감각이 있었고, 이야기꾼이었으며, 예술에 푹 빠져 있었다. 내가 여러 사람들과 어울릴 때도 나는 '아웃사이더'로 분류되는 어떤 독특한 점이 있었다. 주위에 친구가 많을 리 없었다. 특히 나 같은 유형은 자기중심적인 사람들과 있을 때, 더욱 어울리기 힘들다. 그래서 나는 학창시절에 불행한 추억이 많다.

하지만 지금은 그것에 대해 오히려 감사한다. 겪는 동안은 무척 힘들었지만, 그 시간은 오히려 내가 진정으로 하고 싶은 일을 찾게 만들어주는 토양이 되었다. 친구들이 나를 어떻게 생각하는지는 중요하지 않았다. 어떤 아이들은 나를 싫어했다. 하지만 나는 나만의 방식으로 자부심과 힘과 남성스러움 등을 정의하고 정립해나갈 수 있었다. 나는 다수의 견해를 받아들일 필요가 없다고 생각했다. 나는 이상한 옷을 입고 머리를 길렀으며 내가 좋아하는 것을 읽고, 보고, 들으며 인기에 대해 걱정할 필요 없이 친절하고 재미있는 모든 연령대의 사람들과 친구를 맺었다나는 확실히 인기 있는 아이들, 특히 여자애들과 사

진정한 성공

나는 나에게 무엇이 중요한지, 그리고 그것이 다른 사람들이 원하는 것과 어떻게 다른지를 배웠다. 다시 말하지만, 의식^{어떤 중요성에 대한 인식}이 중요하다. 당신은 무엇을, 왜 원하는지 스스로에게 물어본 적이 있는가? 당신에게 그것들이 왜 언제 처음으로 중요해졌는지 스스로에게 물어보았는가? 부모님의 견해를 물려받은 것은 아닌가? 잘나가는 친구들처럼 되고 싶은 것은 아닌가? 당신의 삶을 아무에게도 설명하지 않으면 어떻게 될까? 그렇다면 당신은 지금 무엇부터 바꿔야 할까?

지금 내 삶의 큰 화두는 자녀에 관한 것이다. 나는 아이가 없으며, 앞으로도 아이를 가질 생각이 없다. 아이들을 좋아하는 편이지만 강하게 끌리지는 않으며, 실상 아버지가 되고 싶은 욕구를 느껴본 적이 없다. 하지만 대부분의 사람들은 자녀를 가져야 한다면서 그것이 인간에게 필수라고 생각하는 것 같다. 무자녀를 선택하는 것은 여기 미국에서도 흔한 일은 아니며, 이것으로 인해 나에게 많은 기회가 박탈되기도 한다. 나는 그저 관행적으로 다수의 선택을 따르느니, 차라리 내 입장을 설명하고 표명하는 길을 택하겠다.

돈이 전부가 아니다

이것은 가장 어려운 문제이다. 왜냐하면 돈이야말로 당신이 무슨 일을 어떻게 얼마나 잘하는지 측정하는, 가장 빠르고 쉽고 널리 받아들여지는 척도이기 때문이다. 돈은 숫자이고 숫자는 단번에 비교하기가 수월하며 추적하기 쉽고 중독성마저 있다. "작년보다 더 많은 돈을 벌고 있나요?" "작년과 똑같이 벌고 있나요?" "왜 돈을 못 버나요?" "사람들은 당신의 가치를 그만큼으로만 여기나요?" "당신은 가치가 없는 사람인가요?" 이런 생각들은 독약과 같이 해롭다. "내 몸무게는 몇 킬로그램이지?" "나는 살을 빼면 더 예쁘고 살이 찌면 아주 형편없이 못생겼어"라고 말하는 것과 다름없는 것이다나는 항상 체중과 씨름을 하지만 말이다.

나는 다른 동료들만큼 많은 돈을 벌지 못한다. 때때로 나는 그것에 대해 화가 나기도 한다. 왜냐하면 돈이 나라는 사람의 가치의 잣대라는 생각을 하지 않을 수 없기 때문이다. 그럴 때면, 나는 내가 좋아하는 곳에 살고 있고, 내가 좋아하는 일을 하고 있으며, 누구의 방해도 받지 않고 살고 있다는 사실을 스스로에게 상기시킨다. 나는 하고 싶은 일이 생기면 그 일을 한다. 허락을 받아야 할 사람은 나 자신뿐이다. 이 점이 나에게 비싼 차나 거액이 저축된 은행계좌보다 더 가치가 있다고 생각한다. 생각은 그렇게 하지만, 그래도 돈은 있으면 좋으니, 영원히 쉽지 않은 숙제인 것만은 분명하다.

당신이 한 일에 대한 정당한 대가를 요구하라

당신은 먹고살아야 하며, 언제나 약간의 대비를 하는 것이 좋다. 사람은 배가 고프지 않고 집을 잃을 염려가 없을 때, 더 현명한 결정

진정한 성공

을 내릴 수 있다. 당신이 하는 일이 가치가 있고 당신은 정당한 대가를 받을 자격이 있으니, 합당한 보수를 받아야 한다. 하지만 내 경우에는 돈만 생각하고 취직했을 때는 결과가 좋지 못했다. 그러니 뇌를 간지럽히고 영혼에 진동을 주는 일을 선택하라. 그것이 결국은 당신이 가장 잘할 수 있는 일이며, 그 일이 언젠가는 생각했던 것보다 더 많은 보상을 가져다줄 것이다.

자신의 시간을 사수하라

당신이 하고 싶은 일을 하는 데 가장 큰 어려움 중의 하나는, 주의를 산만하게 하는 일을 거절하지 못하는 것이다. 당당히 "아니오"라고 말할 줄 알아야 한다. 더 높은 급여를 주는 직업에 대해 거절하고, 당신에게 영감과 아이디어가 절실할 때 자꾸만 같이 놀자고 부추기는 친구를 거절하는 일을 잘해내야 한다. 하지만 때로 친구들과 함께 최신 영화나 멋진 콘서트를 즐기는 일이 아이디어를 얻는 기회가 될 수도 있다. 그러므로 친구를 만나고, 즐기고, 새로운 잠재고객을 얻을 수도 있는 그 모든 일을 거절하지 말고, 그것을 긍정적인 결과를 내는 방향으로 설계하라. 하지만 여기서 가장 중요한 것은 '나의 생각'이다. 그리고 생각의 주인은 나뿐이다. 머릿속의 생각이 허락할 때만 수락해야 한다. 생각의 주인인 내가 나의 생각들을 돌보지 않는다면, 내 안에서 나오지도 못하고 고여 있던 생각들이 나중에 더 큰 후회를 불러일으키기 때문이다.

당신의 기술을 완벽하게 만들어라

당신이 하는 일에 몰두할수록, 일을 잘하는 정도를 넘어서 더 많은 아이디어를 가질 수 있게 된다. 기술에 능숙할수록, 아이디어를 현실로 만들 수 있는 능력도 커지고 빨라지므로, 더 높은 다음 단계의 아이디어로 수월하게 넘어갈 수 있다.

당신을 도울 수 있는 사람을 찾아라

당신이 무언가를 하는 데 도움을 줄 수 있는 사람, 당신이 당신 자신을 이해하도록 도와줄 수 있는 사람, 당신을 더 친절하고 똑똑하고 우아하게 만들어줄 수 있는 사람을 찾길 바란다. 나에게는 몇 시간 동안이고 이야기를 나눌 수 있는 친구들이 있다. 친구들 중 일부는 대화를 나눌수록 나를 지치게 하고, 다른 일부는 신나고 기쁜 감정을 주며 대화가 생산적으로 느껴지게 만든다. 둘 다 가치가 있겠지만, 당신에게 에너지를 주는 사람들에게 특별히 주목하고 감사하라.

감사는 지나치게 해도 좋다

감사하라. 친구뿐만이 아니라 모든 사람들에게 자주 감사하라. 진심으로, 창의적으로, 다정하게, 여러 모양으로 감사하라. 그들이

진정한 성공

어떤 반응을 보이든 상관없이 감사하고, 그들이 하는 일과 그들의 존재 자체에 감사하라. 그들이 "대체 왜 나한테 감사하지?"라고 알아차리지 못할 정도의 것에도 감사하라. 그리고 당신의 부탁을 들어주지 않거나 대가로 아무것도 주지 않더라도 감사하라. 세상을 더 친절한 곳으로, 살기 좋은 곳으로 만들기 위해서 감사하자.

항상 친절하라

특히 화가 났을 때, 친절해야 한다고 스스로에게 말하는 습관을 갖도록 하자. 당신의 관심과 능력을 다른 사람들에게 선물로 주길 바란다. 나는 사람들을 고치고 그들에게 더 나은 삶을 영위할 수 있는 도구를 제공하려고 노력해왔다. 그리고 그들을 인도해 성공하도록 만드는 일에 깊이 투자해왔다. 그들의 성공이 곧 나 자신의 성공이고 내가 사랑과 존경을 받을 가치가 있음을 의미하는 것이라고 생각해왔다. 하지만 결국 나의 그런 노력은 그들에게 주는 순수한 선물이 아니었다. 내 능력을 증명하기 위해 다른 사람들을 이용하는 것이었고, 근본적으로는 상대를 비인간화하는 것에 지나지 않았음을 깨달았다. 이러한 나의 이기적인 친절은 고치기 어려운 습관과도 같다. 종종 효과가 있기 때문이다. 하지만 여전히 근본적으로 비인간적인 일임에는 틀림없다고 생각한다.

요즘은 나의 도움을 무조건 무료로 선물하고 있다. "당신은 나를 필요로 하시나요?" "어떻게 하면 당신의 하루를 더 좋게 만들 수 있을까요?" "조언이 필요하세요?" "제가 고쳐드릴까요?" "제가 당신 주위에 있으면 덜 외롭나요?" 내게는 그들의 답이나 결과가 중요하지 않다. 결과에 얽매이지 않고 아주 단순하게 상대방을 조금 더 행복하고 조금 더 만족스럽게 만들거나, 단순히 상대방이 좋아하는 모습을 보는 것만으로도 나는 너무나 좋다.

자신을 만나는 시간을 가져라

이것이 어렵다면 가장 어려운 문제일 것이다. 일정 시간이 지나면 우리는 평정심을 되찾게 되고, 그러면 다른 사람에게 친절하고 이타적이 되기 쉬워진다. 그러나 감각을 내면으로 돌리면 지나간 나쁜 것들이 다시 되돌아온다. "나는 별로야." "나는 너무나 느리고 서툴러." "바보같이 멍청해." "매우 뚱뚱하고 어리석고 매우 어려." "너무 늙었어." "나는 지나치게 평범해." 그러나 당신이 그것을 잘 관리할 수 있다면, 당신이 다른 사람들에게 하는 것처럼 당신 자신에게도 친절하고 관대할 수 있다. 그렇다고 해서 방만하게 자신을 그저 놓아두라는 뜻은 아니다. 친구를 위한다는 이유로 그에게 직장을 때려치우라고 하거나 그가 정신을 못 차리게 내버려두는 것이 옳지 않듯, 나 자신을 대할 때도 마찬가지다. 그러니 당신은 "무슨 일이야? 내가 도움이 되어줄까?"라고 친구에게 하듯 자신에게도 세심하게 물어봐야 한다. 그러나 우리는 스스로에게 묻는 경우가 거의 없다.

당신이 누구인지 알아내는 데 시간을 보내라. 두렵더라도 혼자 있는 것에 익숙해지길 바란다. 자신이 누구인지, 인생에서 무엇을 원하는지, 무엇을 주고 싶은지 스스로 확인하길 바란다. 부끄러움이나 자부심 따위의 감정 없이, 있는 그대로의 자신의 모습을 보고 느껴라. 단지 그냥 보고, 그냥 느끼고, 주변에 더 많은 친절과 창의성을 만드는 사람이 되도록 노력하라.

자, 지금까지가 후회 없는 인생을 위한 나의 10가지 목록이다. 나는 사후세계를 믿지 않는다. 나는 이 땅의 여행자이다. 모든 명소를 찾아가고, 모든 음악을 듣고, 모든 음식을 맛보고, 동료 여행자들과 이 모든 것에 대해 이야기를 나누며 살고 싶다. 떠나야 할 때가 되어 비행기에 오르게 되면, 친절하고 유머러스했던 내 삶을 되돌아볼 수 있기를 바란다. 그리고 아마도 사람들은 나와 함께 즐겼던 몇 가지 일을 떠올리며 말할 것이다. "아, 그 사람 꽤 멋졌어!" 하지만 나는 대단한 사람이 아니다. 함께해주신 여러분에게 감사할 뿐이다. 여러분이야말로 멋진 사람이고, 여러분의 삶이야말로 멋진 인생이다.

인생을 결정하는 한 끗

토니 험프리스_ 커뮤니케이션 및 자아실현에 관한 세계적인 임상심리학자

심리학자 제임스 홀리스James Hollis의 책에서 나는 그의 깨달음을 접하게 되었다. "우리가 모르는 것이 무엇인지를 안다는 것, 그리고 우리가 모르는 그것이 종종 우리 삶의 선택을 만든다는 사실이 우리를 겸손하고도 충격적으로 만든다." 이 글은 즉시 나에게 큰 반향을 불러일으켰다. 실제로 그것은 나의 10대 시절, 가족 문제로 방황했던 시기에 집 문 앞에서 서성이던 내 안에서 들려온 목소리였다. "나는 떠나야 한다." 이 '떠나야 할 필요성'은 보통의 젊은이들에게는 '둥지를 떠나' 독립한다는 성년의 출발을 의미하겠지만, 나에게는 '가족의 삶을 고치기 위해서'라는 함정에 빠질 가능성으로부터 도피하기 위한 절박한 필요성 때문이었다. 하지만 그 기이한 생각을 실현하기에는 감정적인 위험이 너무나 컸기에,

나는 그 욕구를 빨리 잠재우고 이전에 하던 대로 먼저 다른 사람들을 배려하는 본연의 일에 매진했다. 그로부터 약 1년이 지난 후, 내 마음속에 원치 않은 새로운 확신이 생기게 되었다. "사제가 되어라." 1960년대 아일랜드의 가톨릭 문화에서는 가정에 사제가 있는 것이 부모의 간절한 바람이기도 했다. 이 예상치 못한 부르심은 그 당시의 나에게는 아마도 유일한 탈출 경로였으리라! 이런 좋은 생각을 해내다니! 나는 완전한 확신을 품고서 밀폐된 수도원에 들어갔다. 그렇게 7년 후, 부제 서품을 받고 드디어 사제 서품을 받기까지 몇 달 안 남은 시점에, 나는 가톨릭에 대한 모든 믿음을 잃어버린 지점에 와 있었다. 어떻게 이런 일이! 하지만 지금에 와서 진실을 말하자면, 그때의 나는 가톨릭 교회의 특정 가르침에 대해 의구심이 들기 시작했고, 이러한 상태로 사제직으로 나아가는 것이 얼마나 위선인가에 대하여 자책감이 들었기 때문이었다. 나는 편지를 써서 집으로 부쳤다. 병상에 있던 어머니는 "네가 신부가 되지 않는다면 나는 죽어버릴 거야"라고 하셨고, 아버지는 "이제 다시는 너와 이야기하지 않겠다"라고 하셨다. 당시 가족들의 반응과 우울감은 끔찍했고, 그로 인해 나는 일단 서품을 강행하고 나중에 남아메리카에 있는 수도회에 자원한 다음, 거기서 쥐도 새도 모르게 사라지는 계획을 세우기도 했다.

공교롭게도 그 무렵 나는 폐에서 피를 토하기 시작했는데, 병원 검사에서는 별 이상이 없다고 나왔다. 이것은 나의 무의식이 알려준 예지였을까? 무의식이란 비밀스러운 또 하나의 앎의 영역이지 않을까? 나는 내가 지금 어디에 있는지 뿐만 아니라 어디로 가야 하는지를 알려주는 영혼의 선물을 보았다. 나 자신에게 진실한 행동을 하도록 이끌었던 그 무의식은 만약 내가 신부가 된다면 내 생명이 얼마나 위험해질지를 강력하게 말해주고 있었다. 내 각혈 증상은 '피가족 또는 유대감'을 위협하는 상징으로 은유적인 경고처럼 보였다. 나는 결국 기꺼이 '가문의 수치'가 되어 집으로 돌아왔고, 얼마 지나지 않아 도주했다. 이후 13년 동안 혼자서 외롭고 힘든, 그러나 특별한 여행을 했다.

임상심리학자로서의 교육을 받고 몇 년이 지난 후, 내 우울증에 대해 심리치료사에게 상담을 받으며 동시에 정신과 환자들을 돌보는 일을 하면서, 나는 그간의 경험으로부터 여러 가지 교훈을 떠올릴 수 있었다. 내가 자각하는 것은 항상 현실이고, 누군가에 의해 나는 있어야 할 곳에 항상 있었으며, 비밀스럽게 알아야 할 것들은 은유, 꿈, 직관 심지어 질병 등으로 나타난다는 것을 알게 된 것이다. 나는 우리 안에 있는 자각과 사랑과 지혜로 우리의 미래가 형성될 수 있음을 노래하는 데릭 월콧Derek Walcott의 시 〈사랑 후의 사랑Love After Love〉을 읽고 경탄해 마지않았다.

당신은 당신 자신인 그 낯선 이를 사랑하리.

와인을 주시오. 빵을 주시오.

당신의 가슴을 다시 돌려주시오.

당신을 사랑했던 그 낯선 이에게.

진정한 성공

당신이 다른 사람 때문에 잊었던,

당신을 가슴 깊이 알고 있는 그 낯선 이에게.

*로저 하우스든Roger Housden의
《당신의 인생을 바꿀 10편의 시Ten Poems to Change Your Life》에서 발췌

이 시의 "당신을 가슴 깊이 알고 있는" 사람은 맨 앞에 제임스 홀리스가 말했듯이 "겸손하고 충격으로 산산조각이 난" 사람일 것이다.

우리가 살고 있는 세계의 특성 때문에, 우리가 자각한 것을 직접 행동으로 옮기는 것은 종종 위험하다. 대신 우리는 독창적이고 간접적이며 무의식적인 방법으로 우리의 앎을 실천한다. 내가 임상심리학자로서 의식적으로 자아를 찾아나선 많은 사람들과 함께해온 경험은, 나의 경험에 확신을 갖는 데 큰 도움이 되었다. 그중 몇 가지 예를 소개한다.

- 변화를 두려워하는 사람. 하지만 역설적으로 국제금융기구에서 위험 관리 업무를 맡고 있다.
- 어린이집 교사가 된 사람. 하지만 해결되지 않고 남아 있는 억압된 어린 시절의 트라우마를 갖고 있다.
- 뉴질랜드로 이주한 청년'뉴질'은 자아를 찾기 위해 필요한 의식을 뜻하는 단어에서 나왔다. 어린 시절 아버지로부터 끊임없이 가혹한 비판을 받아 그의 타고난 열정과 활기찬 호기심 그리고 빛나는 마음은 소멸된 상태

이다.

- 자신을 예수 그리스도라 칭하며 10년 넘게 정신병원을 들락날락했던 환각 상태의 젊은이. 내가 그에게 "예수 그리스도가 되어 무엇을 얻었습니까?"라고 묻자, 그는 "사람들이 나를 알아보는 것이요"라고 바로 대답했다. 내가 그에게 "당신 자신이 되어서는^{그 젊은이의 이름을 또렷이 말해주면서} 무엇을 얻었습니까?"라고 묻자, 그는 "사람들이 나를 몰라보는 것이요"라고 대답했다. 나는 그를 천재라고 칭찬하며 악수를 청했다. 그는 자신이 보이지 않는 세상에서 놀랍고 은밀하게 보여지는 방식을 터득했기 때문이다. 신비롭고 마법 같은 일이다.
- 8년 넘게 거액의 돈을 훔쳐온 17세의 청소년. 알고 보니, 부모의 애정 결핍과 동생들의 죽음으로 인한 상실감, 친구의 부재^{아버지의 강요에 따른 유급으로 또래 친구 박탈} 등이 원인이었다는 사실이 밝혀졌다.

나는 우리가 의식적으로 알지 못하는 것이 종종 우리 삶의 선택을 결정하고, 우리가 다른 사람과의 관계에서 심리적 안정을 찾을 때, 무의식적인^{숨겨져 있던} 것이 의식이 되고 풀리지 않던 어린 시절의 트라우마가 뜻밖에 풀려가는 것을 직접 목격했다. 나에게 가장 큰 깨달음은 인간으로서 가장 위협적인 시기에도 가장 창의적이고 기발한 방법으로 자신을 드러내는 '우리 자신에 대한 사랑'이 언제나 존재한다는 것이다.

41강

사랑, 그것 말고 뭐가 있는가

빈센트 패터슨_ 마이클 잭슨의 'Bad' 월드투어 & 마돈나의 '금발의 야망'
월드투어 연출로 알려진 세계적인 안무가 겸 연출가

만약 내가 세상을 떠나기 전에 세상과 나누고 싶은 마지막 생각
이 있다면 다음과 같은 것이다.

나는 전문 강사도 아니고, 교수도 아니다. 난 예술가이다. 하지만
나는 감독이자 연출가로서 창의적인 일을 하면서, 협업하는 아티스
트들에게 어느 정도의 지식을 전달하고 있다고 믿는다. 내 목표는
창조의 과정을 통해 그 작품을 거울 삼아 예술가들이 인간의 진실과
정직함을 찾을 수 있도록 돕는 것이다.

나는 모든 출연자들에게 똑같이 질문한다. "이 장면에서, 이 춤에
서, 이 연극에서, 이 오페라에서, 당신은 상대방 출연자에게 무엇을
원합니까?" 그들의 대답이 항상 동일하기 때문에, 나는 이것이 곧 우
문현답이라는 걸 알게 된다.

"사랑받는 느낌이요."

나는 수십 년 동안 크리에이터로 일해왔다. 나는 항상 관객들에게 춤의 언어, 연극의 언어를 통해 사랑의 가치와 힘과 필요성을 보여주고 싶어 한다. 사랑은 나의 개인 생활과 창작 생활 모두를 살아가게 만드는 원동력이다. 세상에 이보다 더 중요한 것이 있을까.

사랑.

자신을 사랑하는 것.

타인을 사랑하는 것.

지구를 사랑하는 것.

불우한 이웃을 사랑하는 것.

사랑이 없으면 우리는 아무것도 아니다.

세상에 존재하며 살아간다는 것만으로도 버겁게 느껴질 때가 있다. 인생을 살아가며 우리는 재정적으로든 감정적으로든 항상 시험을 받고 있다. 얼마나 견딜 수 있을까? 파산하기 전에 얼마나 유지할 수 있을까? 역경, 주의 산만, 험담, 비판, 정치적인 것들 속에서 어떻게 하면 중심을 잘 잡을 수 있을까? 우리를 끝없는 심연으로 몰아넣는 고난의 사람이나 상황 속에서 우리는 날마다 공격을 받으며 살아가고 있다.

인생의 쉬운 길은, 포기하거나 떠나는 것이다. "나는 옳고 너는 틀리다"라고 말하는 것이다. "신이 가장 좋은 길로 인도하시도록 가만히 있을 거야"라고 말하는 것이다. 하지만 나는 우리가 쉬운 길을 가기 위해 이 땅에 왔다고 생각하지 않는다. 나는 우리가 누구인지, 그리고 우리가 여정을 계속하면서 앞에 놓인 장애물들과 기쁨을 어떻게 직면하고 관리할 수 있는지를 이해하기 위해 이 땅에 있다고 믿는다. 그리고 그 모든 결정은 사랑에 근거한다고 믿는다.

우리에게는 확실한 선택권이 있다. 우리는 불평할 수 있고, 화를 낼 수 있으며, 심지어 폭력적일 수도 있고 질투와 증오로 가득 찰 수도 있다. 우리에게 동의하지 않는 다른 사람들에 대한 증오, 우리가 갖지 못한 것을 가진 사람들에 대한 질투. 그렇다, 증오와 질투는 쉬운 선택이다. 더 어려운 것은 사랑의 눈으로 모든 삶을 바라보는 것이다. 그렇게 하면, 우리의 영혼이 가장 충만하게 차오르고 우리 자신과 타인에 대해 더 깊이 이해하는 삶을 살게 된다.

나는 예술가로서 세상에 대해 보는 것이나 느끼는 경험을 춤이나 연극으로 옮겨 그려내는 것에 몰두하고 있다. 춤을 통해 나는 항상 인간 이야기의 요소를 표현하는 언어를 찾고자 한다. 나는 단순히 '기술적'으로 존재하는 움직임을 창조하거나 무용수의 뛰어난 기량을 발휘하는 것만으로 충분하다고 생각하지 않고, 이야기를 만들어 나간다. 그것은 비극적일 수도 있고 희극적일 수도 있으며, 자연주의적일 수도 있고 추상적일 수도 있으나, 내 모든 작업은 인간의 여정, 사랑하고 사랑받고자 하는 욕구에 동기를 부여받은 과정에 기반을 두고 있다. 나는 작품을 연출할 때, 주제와 상관없이 사랑하고 사랑받고 싶은 욕구의 중요성을 본질적으로 드러내는 인간의 조건을 발견하고, 배우와 관객에게 전달하기 위해 고군분투한다.

나의 가장 큰 희망은 누군가가 나의 작품을 경험했을 때, 아무리 작은 것이라도 내가 만든 것이 그들의 마음에 진정한 감동을 주었으면 하는 것이다. 사랑의 불꽃을 안고 무의식중에 그 감정을 세상에 퍼뜨려 주변과 보이지 않는 세계에까지 긍정적인 변화를 일으키는 것이다. 마치 잔잔한 연못에 조약돌로 물수제비를 뜨는 것처럼 말이다. 그것은 나의 창조의 여정에 영감을 불러일으킨다. 그것이 무대 위에서 박수와 찬사를 받는 일보다 더 중요하다.

일과 삶을 통해 사랑을 전파하고 사랑을 받기 위해 최선을 다했다는 것, 바로 이것이 나의 유산이 되길 바란다.

너와 나, 우리에게 가장 중요한 것
진심을 다해 주고 받는 것
그것은 서로를 아끼고, 나누고, 사랑하는 것.

너와 나, 우리의 모든 것은
삶의 아름다움으로 하나가 되고
살아서도, 죽어서도
사랑, 사랑이라는 것.

우리의 숨결은 세상을 바꾸는 자비로운 바람이 되고

우리의 생각은 모든 공간을 여는 열쇠가 되어

끝이 없는 사랑을 찾아

희망으로 가득찬 삶을 향하여

사랑하는 이여,

마침내 나는 너에게 닿아, 너는 나와 함께 하는 것

너와 나의 전부,

너와 내가 함께 가진 것,

그것은 서로를 아끼고, 나누고, 사랑하는 것.

너와 나, 우리 인생의 핵심은

삶의 아름다움으로 하나가 되고

살아서도 죽어서도

사랑, 사랑이라는 것.